中国上市银行年报研究

RESEARCH ON LISTED BANKS IN CHINA ANNUAL REPORT

2017

《中国银行业》上市银行年报研究小组 著

中国金融出版社

责任编辑：李　融
责任校对：张志文
责任印制：程　颖

图书在版编目（CIP）数据

中国上市银行年报研究（Zhongguo Shangshi Yinhang Nianbao Yanjiu）. 2017年/《中国银行业》上市银行年报研究小组著. —北京：中国金融出版社，2017.10
ISBN 978-7-5049-9271-0

Ⅰ.①中…　Ⅱ.①中…　Ⅲ.①商业银行—上市公司—年报—研究—中国—2017　Ⅳ.①F832.33

中国版本图书馆CIP数据核字（2017）第260835号

出版
发行　中国金融出版社
社址　北京市丰台区益泽路2号
市场开发部　（010）63266347，63805472，63439533（传真）
网 上 书 店　http：//www.chinafph.com
（010）63286832，63365686（传真）
读者服务部　（010）66070833，62568380
邮编　100071
经销　新华书店
印刷　北京市松源印刷有限公司
尺寸　185毫米×260毫米
印张　12
字数　199千
版次　2017年10月第1版
印次　2017年10月第1次印刷
定价　38.00元
ISBN 978-7-5049-9271-0

学术指导委员会

编 委 会

主　编：董希淼　　恒丰银行研究院执行院长

编　委（按姓氏拼音排序）

蔡　浩　　恒丰银行研究院宏观经济研究中心主任

胡　婕　　中国工商银行城市金融研究所同业研究处处长

江　荣　　江苏银行董事会办公室战略规划团队经理

李　琪　　《中国银行业》杂志社采编

陆岷峰　　江苏银行董事会办公室高级会计师

卢颖超　　华夏银行博士后科研工作站博士后

杨　驰　　华夏银行战略发展部战略室经理

杨　芮　　恒丰银行研究院研究员

虞鹏飞　　江苏银行南京分行人力资源部职员

赵　建　　青岛银行研究发展部总经理助理

张兴荣　　中国银行国际金融研究所资深研究员

回归本源　改革创新
探索我国银行业的可持续发展之路

从第一家银行上市至今的26年以来，我国上市银行栉风沐雨，通过不断抢抓机遇、克服困难、突破自我，逐步形成了规模稳步增长、公司治理逐步完善、风险总体可控、国际竞争力持续增强的良好局面，服务实体经济和金融消费者的水平不断提升，战略理念、竞争格局和业态结构具备了比较优势，为我国现代商业银行改革发展翻开了崭新且充满活力的一页。

放眼未来，我国银行业面临着不少挑战。从国际看，世界经济复苏的态势仍不稳定，贸易投资增长乏力，“逆全球化”暗潮涌动，金融市场仍然脆弱；从国内看，经济正处于深化供给侧结构性改革、新旧动能转换升级的关键时期，经济转型中结构再平衡带来的潜在风险显性化。在息差收窄、资金脱媒以及监管政策趋严等背景下，上市银行面临净利润增速下滑、存款分流等问题。上市银行应适应和引领中国经济发展“新常态”，学习领会并贯彻落实好第五次全国金融工作会议精神，迎难而上，化挑战为机遇，主动回归本源，勇于改革创新，进一步着力做好以下工作。

第一，上市银行应回归服务实体经济的本源“初心”。回归“初心”，不仅意味着上市银行应贯彻落实党和国家相关政策，响应社会公众对银行业的期待，同时也是我国银行业的历史使命与社会价值所在。上市银行应积极推进普惠金融，加大对国家重大战略以及小微企业、“三农”等关系国计民生的重点领域和薄弱环节的支持力度，切实回到服务实体经济的本源上来。

第二，上市银行应进一步构建规范、稳健、高效的法人治理。上市银行应当进一步健全现代金融企业制度，结合中国的实际，不断完善公司治理架构。比如：建立包括党委会决策机制在内的高效运转且有效制衡“委托–代理”关系的公司治理机制；将员工激励与创造价值紧密结合，形成有效的激励约束机制等方面。

第三，上市银行应注重防控金融风险。2017年以来，中国经济稳中向好，货币金融环境平稳，监管政策趋严，为上市银行消化信用风险创造了良好的外部环境。但同时，上市银行应清醒地意识到，资产质量压力仍未减轻，潜在风险仍未充分暴露。此外，债券市场价格波动幅度加大，金融机构流动性风险凸显，监管收紧对银行资本、业务以及合规的压力也有所增加。上市银行应多措并举，防控好金融风险。

第四，上市银行应探索可持续发展的路径。上市银行应充分意识到，其竞争面临的不仅仅是各类金融机构，更重要的是这个快速变化发展的时代。尊重市场发展、顺应时代趋势、积极响应变化是上市银行应该遵循之道。未来，上市银行应重点围绕轻型银行、绿色金融、金融科技等方向转型升级，努力探寻保持持久竞争力的良方，以实现健康可持续发展，在商业银行转型中着力发挥引领带头作用。

“窥一斑而知全豹”，研究分析上市银行年报是商业银行探索未来发展之路的重要途径。《中国银行业》上市银行年报研究小组的各位专家潜心笃志、协力同心，精心推出这份报告，带着对我国上市银行发展的成果肯定、亮点展示、难点剖析和真诚期待，启发着我们去思考、去探索。可持续发展的中国上市银行，未来可期。

是为序。

田国立

中国银行业协会会长

2017年9月18日

CONTENTS 目 录

第一章　上市银行2016年年度报告总析

2016年，我国宏观经济总体趋于平稳，在利率市场化不断推进、“营改增”改革影响逐步显现、金融监管日渐趋严等因素的影响下，2016年37家上市银行年度业绩报告总体呈现以下特点：规模依赖现象有所缓解，零售贷款快速增长，营业收入增速放缓，收入结构进一步优化，净利润保持低位增长，资产质量压力犹存，科技投入力度不断加大等。2017年，上市银行将持续向“轻型化”转型，运用金融科技提升金融服务水平，加快智能化步伐，加强合规经营，防范金融风险，进一步推进综合化经营。

2016年以来，中国银行业迎来“上市潮”，截至2017年4月30日，共有37家中资银行实现A股或H股上市。[①]本报告围绕37家上市银行2016年年度报告，通过盈利维度、业务维度、效率维度、风险维度的业绩指标，分析业绩指标变化的原因，探索2016年上市银行年报亮点，以及2017年上市银行发展趋势。

一、上市银行2016年主要业绩指标

（一）盈利维度

1. 营业收入增速放缓，出现明显分化

37家上市银行营业收入合计达4.12万亿元，较上年同期增长547.79亿元，增速下降明显，仅为1.35%（上年同期增速达10.02%）。从银行类型来看，分化较为明显，以营业收入平均增速计算，15家城市商业银行营业收入平均增速较上年同期明显下降，

① 截至2016年12月31日，共计35家中资银行实现A股或H股上市，江苏张家港农村商业银行和九台农商银行先后于2017年1月和2月分别在A股和H股上市。按照有关规定，年度报告由上市公司在每个会计年度结束之日起4个月内编制完成。因此本主报告上市银行数量以2016年年报最晚披露时间（2017年4月30日）统计。

但依然以14.33%的平均增速保持领先（上年同期为24.32%）；7家农村商业银行和9家股份制银行平均增速分别为6.34%、5.59%；5家大型商业银行和邮储银行的营业收入平均增速同比呈负增长，达-1.73%和-0.54%。中国银行为五大行营业收入同比增速最高，达1.96%，源于该行在第三季度完成了南洋商业银行的出售交割，投资收益增长约322.5%。各家银行的营业收入增速涨跌不均，同比增速较快的前五家银行分别为锦州银行（42.52%）、九台农商银行（39.50%）、浙商银行（33.92%）、贵阳银行（31.85%）和常熟银行（28.16%），而同比增速下降最多的银行是农业银行，同比下降5.62%，其次是工商银行，同比下降3.12%（见图1-1）。

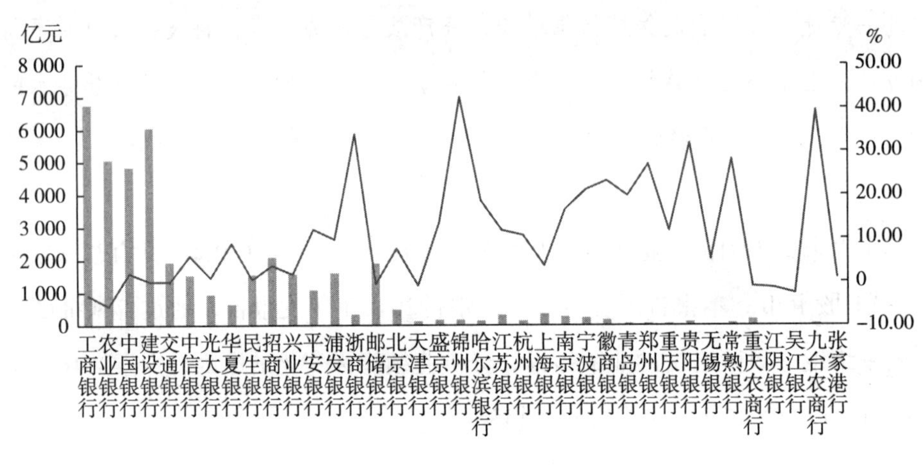

数据来源：Wind资讯，各上市银行年报。

图1-1 2016年上市银行营业收入及同比增速

2. 营业收入结构不断优化，非息净收入大幅增长

从37家上市银行营业收入构成看，2016年共实现利息净收入29317.58亿元，占营业收入的71.11%，仍为上市银行营业收入的主要来源之一，同比下降4.55%。而非息净收入共实现11911.12亿元，占营业收入的28.89%，高于整体银行业的平均水平（23.8%），同比增长19.52%，成为营业收入增长的主要驱动力。

从银行类型来看，15家城市商业银行的利息净收入同比增长幅度较大，达到10.43%，而5家大型商业银行和邮储银行利息净收入同比下降较多，分别为7.78%

和12.09%；非息净收入同比均呈增长态势，其中，邮储银行增长幅度最为抢眼，为181.48%，其次为城市商业银行和农村商业银行，分别为34.69%和34.30%，股份制商业银行和大型商业银行紧随其后，分别为18.13%和16.20%。

从各家银行来看，利息净收入同比增长幅度最大的为锦州银行，达到42.98%，紧随其后的四家银行分别为九台农商行（34.43%）、常熟银行（26.71%）、徽商银行（23.56%）和贵阳银行（23.07%）；五家大型商业银行利息净收入同比均呈下降态势，建设银行下降8.73%，农业银行下降8.72%。而非息净收入中，同比增幅较大的前五名分别为邮储银行（181.48%）、贵阳银行（100.06%）、浙商银行（85.39%）、郑州银行（76.12%）和宁波银行（68.86%），涨幅都在60%以上；仅有一家上市银行非息净收入同比下降，为无锡银行，下降11.09%（见表1-1）。

表1-1　2016年上市银行营业收入构成

单位：亿元，%，百分点

银行	利息净收入	利息净收入占比	利息净收入同比变动	非息净收入	非息净收入占比	非息净收入同比变动	营业收入合计
工商银行	4718.46	69.81	-7.09	2040.45	30.19	7.52	6758.91
农业银行	3981.04	78.67	-8.72	1079.12	21.33	7.88	5060.16
中国银行	3060.48	63.28	-6.88	1775.82	36.72	21.91	4836.30
建设银行	4177.99	69.05	-8.73	1872.91	30.95	27.02	6050.90
交通银行	1348.71	69.83	-6.45	582.58	30.17	17.32	1931.29
中信银行	1061.38	69.02	1.63	476.43	30.98	17.06	1537.81
光大银行	652.88	69.43	-1.76	287.49	30.57	7.67	940.37
华夏银行	489.89	76.52	6.31	150.36	23.48	17.83	640.25
民生银行	946.84	61.00	0.44	605.27	39.00	0.62	1552.11
招商银行	1345.95	64.39	-1.56	744.30	35.61	14.96	2090.25
兴业银行	1123.19	71.51	-6.27	447.41	28.49	29.63	1570.60
平安银行	764.11	70.94	15.60	313.04	29.06	4.12	1077.15
浦发银行	1081.20	67.24	-4.33	526.72	32.76	57.04	1607.92
浙商银行	252.29	74.97	22.55	84.24	25.03	85.39	336.53
邮储银行	1575.86	83.11	-12.09	320.16	16.89	181.48	1896.02
北京银行	375.25	79.07	4.86	99.31	20.93	19.71	474.56
天津银行	103.59	87.68	-3.00	14.56	12.32	17.16	118.15

续表

银行	利息净收入	利息净收入占比	利息净收入同比变动	非息净收入	非息净收入占比	非息净收入同比变动	营业收入合计
盛京银行	132.18	82.03	10.62	28.96	17.97	29.56	161.14
锦州银行	154.48	94.12	42.98	9.66	5.88	35.51	164.14
哈尔滨银行	115.73	81.66	20.14	25.99	18.34	12.40	141.72
江苏银行	252.45	80.50	5.31	61.14	19.50	50.01	313.59
杭州银行	116.97	85.17	5.97	20.36	14.83	48.99	137.33
上海银行	259.98	75.56	−2.56	84.11	24.44	29.85	344.09
南京银行	212.30	79.75	12.75	53.91	20.25	34.71	266.21
宁波银行	170.60	72.15	9.24	65.85	27.85	68.86	236.45
徽商银行	183.40	87.67	23.56	25.78	12.33	20.83	209.18
青岛银行	50.08	83.52	21.73	9.88	16.48	10.77	59.96
郑州银行	83.00	83.16	20.18	16.81	16.84	76.12	99.81
重庆银行	76.77	79.95	9.64	19.26	20.05	21.04	96.03
贵阳银行	84.01	82.69	23.07	17.59	17.31	100.06	101.59
无锡银行	23.14	91.78	6.98	2.07	8.22	−11.09	25.22
常熟银行	40.14	89.69	26.71	4.61	10.31	42.34	44.75
重庆农商行	194.05	89.58	−3.78	22.57	10.42	31.05	216.62
江阴银行	22.62	91.59	−4.59	2.08	8.41	55.25	24.69
吴江银行	21.43	92.95	−4.22	1.63	7.05	24.43	23.06
九台农商行	45.33	76.14	34.43	14.21	23.86	58.61	59.54
张家港行	19.81	81.53	−0.94	4.49	18.47	10.47	24.29
五大行合计	17286.68	70.16	−7.78	7350.88	29.84	16.20	24637.56
股份行合计	7717.73	67.98	0.56	3635.26	32.02	18.13	11352.99
城商行合计	2370.79	81.08	10.43	553.16	18.92	34.69	2923.95
农商行合计	366.52	87.65	3.31	51.65	12.35	34.30	418.17
整体合计	29317.58	71.11	−4.55	11911.12	28.89	19.52	41228.69

数据来源：Wind资讯，各上市银行年报。

非息净收入中，手续费及佣金净收入8536.76亿元，占营业收入的20.71%，同比上涨9.13%；其他非息净收入3374.35亿元，占营业收入的8.18%，同比上涨57.43%，涨幅较大。

从银行类型来看，手续费及佣金净收入同比增长除大型银行外，其他类型银行均保持两位数增长，特别是农村商业银行，同比增长率达到68.35%，紧随其后的是城市商业银行和邮储银行，分别为36.89%和32.59%，股份制银行也保持了15.30%的同比增速。从各家银行来看，农村商业银行中常熟银行和九台农商行增速均较同比翻了两番以上，分别达到484.17%和235.77%；城市商业银行中的贵阳银行同比增速最高，达110.64%；股份制银行中的浙商银行和浦发银行同比增速分别达到了82.28%和46.38%；大型商业银行中的农业银行的同比增速最快，为10.16%。

尽管37家上市银行其他非息净收入仅占营业收入的8.18%，但其同比增速却达到了57.43%，邮储银行更是高达659.36%，大型商业银行和股份制银行同比增速分别为54.05%和38.08%。由此可见，其他非息净收入是上市银行营业收入增长的有益补充（见表1-2）。

表1-2　2016年上市银行非息净收入及其构成

单位：%，百分点

银行	非息净收入		其中：手续费及佣金净收入		其中：其他非息净收入	
	2016年占营业收入比重	较上年同期变动幅度	2016年占营业收入比重	较上年同期变动幅度	2016年占营业收入比重	较上年同期变动幅度
工商银行	30.19	7.52	21.45	1.10	8.74	27.34
农业银行	21.33	7.88	17.97	10.16	3.36	-2.87
中国银行	36.72	21.91	18.33	-4.05	18.39	66.95
建设银行	30.95	27.02	19.59	4.39	11.37	102.81
交通银行	30.17	17.32	19.05	5.05	11.11	46.72
中信银行	30.98	17.06	27.49	18.52	3.49	6.68
光大银行	30.57	7.67	29.89	6.89	0.68	59.65
华夏银行	23.48	17.83	22.89	18.46	0.59	-2.31
民生银行	39.00	0.62	33.67	2.06	5.33	-7.66
招商银行	35.61	14.96	29.12	13.94	6.49	19.80
兴业银行	28.49	29.63	23.27	13.55	5.21	252.37
平安银行	29.06	4.12	25.86	5.35	3.20	-4.81
浦发银行	32.76	57.04	25.31	46.38	7.45	108.60
浙商银行	25.03	85.39	22.21	82.28	2.82	114.16
邮储银行	16.89	181.48	6.06	32.59	10.82	659.36

续表

银行	非息净收入		其中：手续费及佣金净收入		其中：其他非息净收入	
	2016年占营业收入比重	较上年同期变动幅度	2016年占营业收入比重	较上年同期变动幅度	2016年占营业收入比重	较上年同期变动幅度
北京银行	20.93	19.71	20.23	34.82	0.70	-71.77
天津银行	12.32	17.16	11.87	40.81	0.45	-78.24
盛京银行	17.97	29.56	11.88	58.94	6.10	-4.74
锦州银行	5.88	35.51	4.93	61.60	0.95	-26.13
哈尔滨银行	18.34	12.40	16.89	22.15	1.45	-41.78
江苏银行	19.50	50.01	18.56	49.30	0.93	65.74
杭州银行	14.83	48.99	15.02	73.48	-0.20	-115.39
上海银行	24.44	29.85	17.89	11.77	6.55	132.65
南京银行	20.25	34.71	14.36	17.50	5.89	109.51
宁波银行	27.85	68.86	25.57	51.55	2.28	-695.91
徽商银行	12.33	20.83	11.91	40.64	0.42	-75.94
青岛银行	16.48	10.77	14.81	18.48	1.67	-29.79
郑州银行	16.84	76.12	12.17	70.23	4.67	93.53
重庆银行	20.05	21.04	20.06	27.38	0.00	-100.53
贵阳银行	17.31	100.06	13.98	110.64	3.34	65.29
无锡银行	8.22	-11.09	7.13	12.11	1.09	-62.16
常熟银行	10.31	42.34	6.66	484.17	3.64	-40.27
重庆农商行	10.42	31.05	9.78	41.70	0.64	-38.96
江阴银行	8.41	55.25	2.01	-7.87	6.40	97.80
吴江银行	7.05	24.43	2.73	19.92	4.32	27.46
九台农商行	23.86	58.61	12.56	235.77	11.30	-0.02
张家港行	18.47	10.47	5.15	35.65	13.32	3.06
五大行平均	29.84	16.20	19.48	2.78	10.36	54.05
股份行平均	32.02	18.13	27.37	15.30	4.65	38.08
城商行平均	18.92	34.69	16.41	36.89	2.51	21.86
农商行平均	12.35	34.30	8.57	68.35	3.79	-7.85
整体平均	28.89	19.52	20.71	9.13	8.18	57.43

数据来源：Wind资讯，各上市银行年报。

利息净收入同比涨幅的波动较为平稳（同比下降4.55%），生息资产的扩张规模相对稳定，变动幅度相对较小，仍为当前上市银行较为稳定的收入来源之一。而非息净收入中的手续费及佣金净收入同比波动（同比增长9.13%）较其他非息净收入同比波动（同比增长57.43%）相对小一些，但也出现了较为明显的变动，最大值出现在常熟银行（484.17%），其次为九台农商行（235.77%）和贵阳银行（110.64%），整体呈正增长态势；而其他非息净收入由于比重相对较小，整体波动较为剧烈，最大值为邮储银行，同比增长幅度达到659.36%，最小值为宁波银行，同比下降幅度达到695.91%。虽然非息净收入的整体占比（28.89%）相对利息净收入整体占比（71.11%）小很多，除个别银行外，非息净收入整体大幅变动的现象不容小觑，这可以在一定程度上反映出上市银行对营业收入结构进行调整的趋势（见图1-2）。

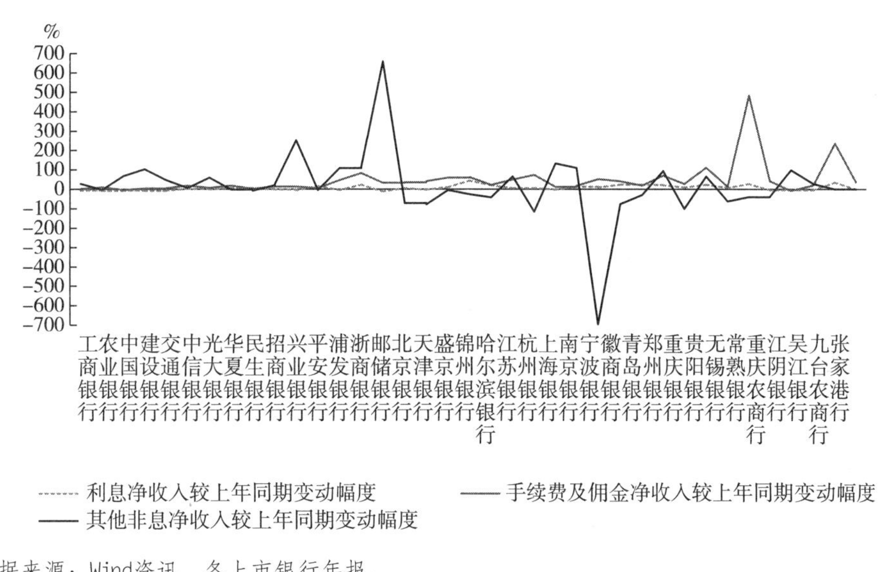

数据来源：Wind资讯，各上市银行年报。

图1-2 2016年上市银行不同收入类别较同期增长幅度变化

3. 净利润平稳增长，中小银行表现抢眼

37家上市银行净利润总和达到1.45万亿元，占银行业整体净利润总和的87.9%，较上年同期增长511.45亿元，同比增速为3.65%（上年同期2.85%），增长较为平稳，略高于银行业整体净利润增速（3.54%）（见图1-3）。

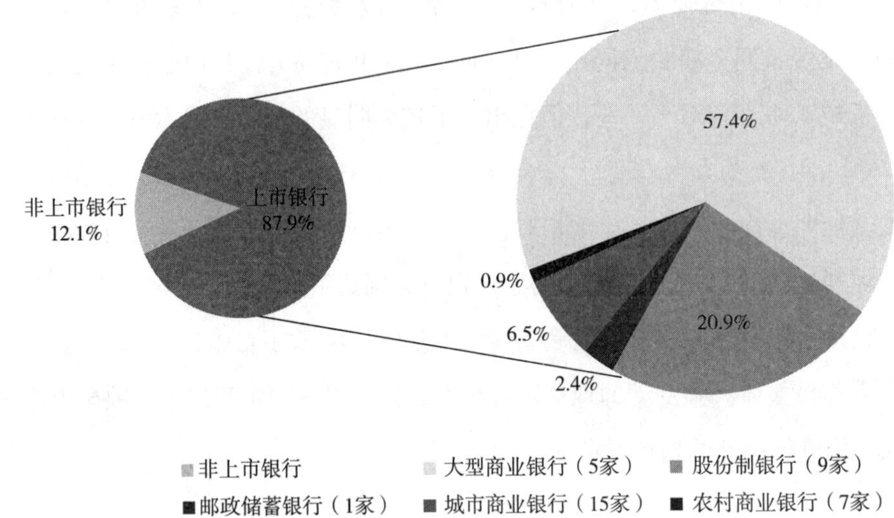

数据来源：Wind资讯，各上市银行年报。

图1-3　2016年上市银行净利润整体与分类占比结构

从银行类型来看，以净利润增速的平均值来计算，农村商业银行、邮储银行和城市商业银行表现抢眼，均保持两位数增长，分别为14.66%、14.11%和13.44%；5家大型商业银行净利润增速低于银行业整体净利润增速（3.54%），为1.46%（上年同期0.69%）；股份制银行平均增速为5.52%（上年同期5.18%）。具体从各家银行来看，整体呈正增长态势，净利润增速较快的前五家银行分别为锦州银行（67.06%）、九台农商行（65.16%）、浙商银行（44.00%）、郑州银行（20.53%）和宁波银行（19.12%）；而招商银行和兴业银行的净利润增速在股份制银行中表现突出，均为银行业整体净利润增速的2倍多，分别为7.52%和7.26%；也出现个别银行净利润负增长的情况，降幅最大的为天津银行，下降8.40%，另外一家为江阴银行，下降5.83%（见图1-4）。

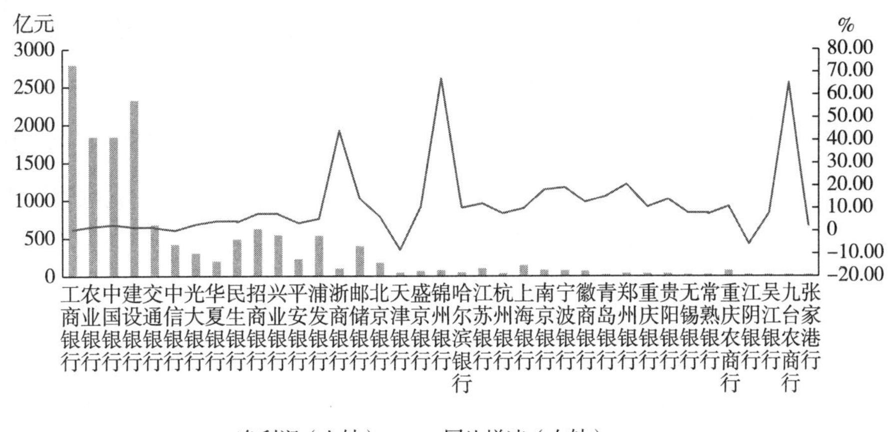

数据来源：Wind资讯，各上市银行年报。

图1-4　2016年上市银行净利润及同比增速

2016年，上市银行净利润增速处于低位的主要原因在于：受2015年连续五次下调基准利率的政策影响，息差收入普遍收窄，成为净利润增速较低的主要原因之一；而受不良资产压力影响，拨备计提力度有所加大，一定程度上制约了上市银行盈利能力。但净利润增速较上年同期有所增长，缘于生息资产规模扩张的速度相对稳定，特别是中小银行，生息资产规模扩张速度较快，一定程度上抵补了息差收窄等不良因素的影响；另外，理财、资管等业务收入的增长对业绩也有一定改善作用。

（二）业务维度

1. 资产规模保持平稳扩张

截至2016年末，37家上市银行资产总额达154.34万亿元，较上年同期增长13.9%。从上市银行的分类看，5家大型商业银行资产总额达91.22万亿元，同比增长10.8%；9家股份制商业银行总资产为40.4万亿元，同比增长18.2%；15家城市商业银行资产规模达12.92万亿元，同比增长24.6%；7家农村商业银行总资产为1.52万亿元，同比增长14.9%。邮政储蓄银行总资产达8.27万亿元，同比增长13.3%。

15家城市商业银行资产规模增速均在两位数以上。其中，贵阳银行资产规模增速为37家上市银行中最快，高达56.3%。其次是锦州银行和青岛银行，资产规模增速分别为49.1%和48.5%。9家股份制商业银行的资产规模排序重新调整，资产规模增速开始出现分化，显现出各家上市股份行对规模战略的调整。兴业银行资产规模超过招商银行，突破6万亿元大关，列为全国性股份制商业银行总资产第一，其次是招商银行和中信银行，资产规模分别为5.94万亿元和5.93万亿元。招商银行资产规模增速下降至8.5%，较2015年末资产规模同比增速下降7.21个百分点。2016年资产规模同比增速在全国性股份制商业银行中最快，分别为31.3%和30.4%。五大行的资产规模增长相对平稳，同比增速均在10%左右。上市农村商业银行中，上市时间最晚的九台农商行资产规模增速最快，达34.9%（见图1-5）。

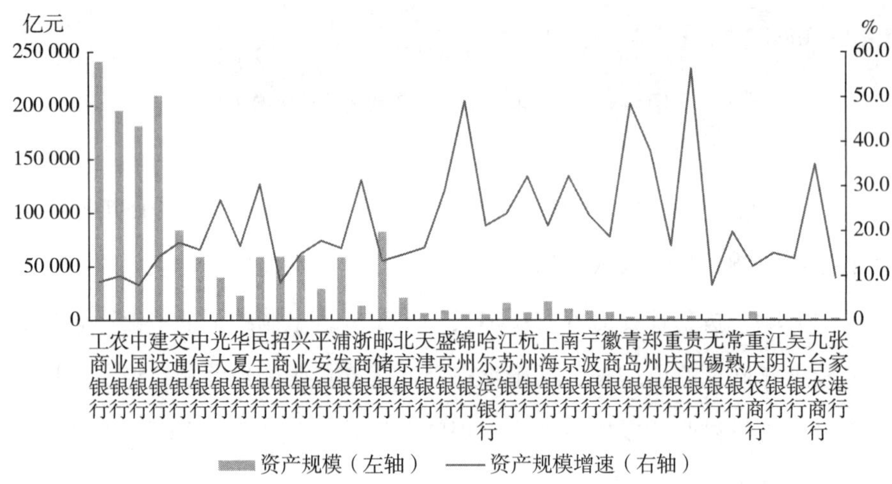

数据来源：Wind资讯，各上市银行年报。

图1-5 上市银行2016年资产规模及增速

2. 证券投资占比上升，同业资产收缩

从资产构成看，37家上市银行证券投资收益占比增长明显，现金及存放中央银行款项、贷款和垫款，以及同业往来资产在总资产中的占比有不同程度的下降。同业往来资产占比中，城市商业银行下降最为显著，2016年末，15家城市商业银行同业往来资产平均占比为8.1%，较上年末下降3.5个百分点。9家股份制商业银行中，除光大银行和华夏银行以外，其余7家同业资产占比均调整至10%以下。其中，锦州银行同业往来资产占比仅有1.6%，具有“同业之王”之称的兴业银行同业往来资产占比更是下降至1.7%，较上年降幅达10.4个百分点。这主要源于存放同业款项、拆出资金以及买入返售金融资产的下降。

相反，证券投资占比上升明显，2016年末，37家上市银行证券投资平均占比达36.8%，15家城市商业银行证券投资占比均达30%以上。锦州银行证券投资占比为所有上市银行最高，达64.6%。由于上市银行对资产的投资能力、交易能力和资产负债管理能力不断加强，证券投资类业务逐渐成为上市银行扩大资产规模的重要来源。

2016年末，37家上市银行的贷款及垫款平均占比较上年末下降1.1个百分点，但占比仍然为最大。尤其是五大行，贷款及垫款平均占比达51.3%，农业银行贷款及垫款占比下降较为明显，较上年同期降幅达8.2%（见表1–3）。

表1–3　2016年上市银行资产构成占比

单位：%，百分点

银行	现金及存放中央款项		贷款及垫款		同业往来资产		证券投资		其他资产	
	2016年占比	较上年同期变动幅度	2016年占比	较上年同期变动幅度	2016年占比	较上年同期变动幅度	2016年占比	较上年同期变动幅度	2016年占比	较上年同期变动幅度
工商银行	13.9	0.1	52.9	0.4	6.4	–1.1	22.7	–3.1	4.1	3.7
农业银行	14.4	1.3	47.6	–8.2	7.8	2.5	27.3	4.1	3.0	0.3
中国银行	12.9	–1.6	53.6	5.8	6.5	–2.9	21.9	–3.1	5.0	1.8
建设银行	13.6	0.1	54.8	1.7	4.1	–1.9	24.2	5.5	3.3	–5.3
交通银行	11.8	–1.1	47.7	–3.1	8.5	0.0	27.5	7.3	4.4	–3.1
中信银行	9.3	–1.3	47.2	–2.8	9.2	–1.6	31.2	11.8	3.0	–6.0
光大银行	9.5	1.6	43.6	11.0	10.6	4.5	32.8	13.9	3.5	–31.0
华夏银行	9.4	–0.1	50.3	6.1	11.5	–8.4	27.2	4.2	1.6	–1.7
民生银行	8.9	–0.6	40.7	–2.4	7.8	0.7	37.4	24.0	5.2	–21.6
招商银行	10.1	0.1	53.0	4.8	9.8	3.2	24.4	10.1	2.7	–18.2
兴业银行	7.5	–4.1	33.0	–14.4	1.7	–10.4	54.1	37.6	3.7	–8.7
平安银行	10.5	0.2	48.6	2.0	9.3	–2.5	25.7	8.8	5.9	–8.6
浦发银行	8.8	–0.7	45.7	2.7	6.1	–1.0	36.5	–0.8	3.0	0.0
浙商银行	9.2	0.7	32.7	0.3	7.3	–0.2	38.4	–12.0	12.4	11.3
邮储银行	15.9	0.3	35.6	2.5	5.3	–3.9	41.9	1.0	1.3	0.1
北京银行	7.9	–0.4	41.0	0.5	17.3	–9.5	32.0	8.6	1.9	0.8
天津银行	8.8	–2.1	31.6	–0.1	11.1	–9.1	47.3	11.3	1.1	0.1
盛京银行	7.9	–1.2	25.3	–2.0	14.1	–2.7	24.1	12.6	28.7	–6.7
锦州银行	8.1	–0.2	22.6	–4.3	1.6	–2.7	64.6	6.8	3.1	0.5

续表

银行	现金及存放中央款项		贷款及垫款		同业往来资产		证券投资		其他资产	
	2016年占比	较上年同期变动幅度	2016年占比	较上年同期变动幅度	2016年占比	较上年同期变动幅度	2016年占比	较上年同期变动幅度	2016年占比	较上年同期变动幅度
哈尔滨银行	12.4	0.2	36.5	3.8	9.0	-9.2	35.6	4.4	6.5	0.8
江苏银行	8.5	-0.9	39.6	-2.8	6.0	-4.5	43.1	7.3	2.9	0.9
杭州银行	9.6	-0.3	33.2	-5.2	7.8	-5.4	48.2	11.2	1.2	-0.2
上海银行	7.8	-2.1	30.6	-5.4	7.7	-4.0	52.2	11.5	1.7	0.0
南京银行	8.7	-1.0	29.9	-0.1	9.9	4.9	49.0	20.8	2.4	-24.5
宁波银行	10.6	1.3	33.1	-1.6	4.9	1.2	48.3	6.0	3.1	-6.9
徽商银行	11.7	-0.7	35.7	-1.6	4.1	-7.6	44.8	8.6	3.8	1.3
青岛银行	8.2	-2.5	30.5	-7.2	4.0	0.1	55.0	9.7	2.3	-0.2
郑州银行	11.6	-0.8	29.4	-5.1	5.0	-3.6	50.0	7.4	4.0	2.1
重庆银行	11.5	-0.5	39.3	1.3	14.9	0.6	32.2	-1.6	2.0	0.2
贵阳银行	11.6	-0.8	26.6	-7.1	3.6	-0.7	54.4	7.1	3.8	1.5
无锡银行	12.5	-0.5	47.0	0.2	5.2	-6.3	33.2	6.8	2.2	-0.1
常熟银行	11.0	-0.3	49.4	-2.0	5.1	1.2	31.7	1.0	2.8	0.1
重庆农商行	10.7	-0.3	35.9	-0.1	18.8	-2.6	32.8	3.0	1.8	-0.1
江阴银行	10.7	-4.1	48.4	-4.7	2.0	0.7	36.5	8.1	2.4	0.0
吴江银行	15.8	0.2	54.0	-1.4	7.5	1.0	19.1	0.2	3.6	-0.1
九台农商行	17.2	3.6	31.5	-1.3	27.7	2.1	20.2	-4.4	3.4	0.0
张家港行	10.1	-1.2	47.4	0.7	4.5	-1.1	34.9	2.0	3.1	-0.4
五大行平均	13.3	-0.2	51.3	-0.7	6.7	-0.7	24.7	2.1	4.0	-0.5
股份行平均	9.3	-0.5	43.9	0.8	8.1	-1.8	34.2	10.8	4.6	-9.4
城商行平均	9.7	-0.8	32.3	-2.5	8.1	-3.5	45.4	8.8	4.6	-2.0
农商行平均	12.6	-0.4	44.8	-1.2	10.1	-0.7	29.8	2.4	2.7	-0.1
整体平均	10.6	-0.7	40.2	-1.1	8.2	-2.2	36.8	7.0	4.0	-3.2

注：同业往来资产包括存放同业款项、买入返售金融资产以及拆出资金。证券投资包括以公允价值计量且其变动计入当期损益的金融资产、可供出售金融资产、持有至到期投资以及应收款项债券投资。在其他资产中主要包括固定资产、应收利息、递延所得税、贵金属、衍生金融资产等。

数据来源：Wind资讯，各上市银行年报。

3. 负债规模增长，同业存单发行力度加大

截至2016年末，37家上市银行负债总额达143.92万亿元，较上年同期增长13.9%。从

银行类型看，5家大型商业银行总负债为84.21万亿元，较上年同期增长10.85%。9家股份制商业银行总负债达38.26万亿元，较上年同期增长18.19%，其中招商银行负债规模为9家股份制商业银行中最高，为5.94万亿元，但民生银行负债规模增速最快，该行2016年末负债规模较上年同期增长31.7%。主要源于该行重点加大同业存单发行力度，2016年同业存单发行规模较上年末增长274.63%；货币及贵金属掉期业务增长和交易性贵金属业务规模增长分别引致了该行衍生金融负债、交易性金融负债规模的大幅增长，较上年末增速分别达208.99%和157.57%。2016年，15家城市商业银行总负债为12.12万亿元，增速较快，较上年同期增速均在10%以上。其中，贵阳银行负债规模增速高达56.3%，其中应付债券较上年增速达71.33%，主要源于同业存单及金融债券发行规模扩大。7家农村商业银行负债规模达1.41万亿元，较上年末增长14.9%（见图1–6）。

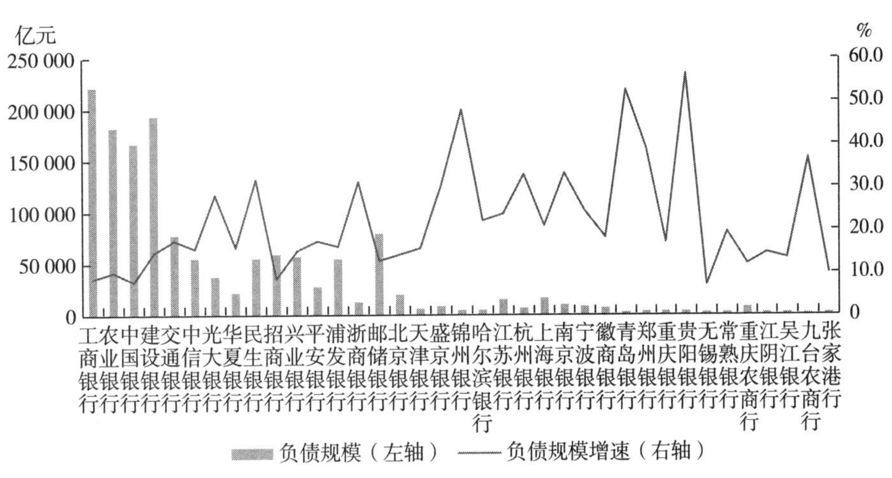

数据来源：Wind资讯，各上市银行年报。

图1–6　上市银行2016年负债规模及增速

4. 负债来源多样化，存款占比持续下降

从负债构成看，37家上市银行吸收存款占比仍然为最高，达66.4%，但增速较上一年下降2.8个百分点。同业往来负债占比为19.3%，较2015年末下降1.3%。相反，应付债券和其他负债占比均较上年同期有所上升。

从银行类型看，邮储银行、7家农村商业银行和五大行的存款占比较高，分别达92%、77.6%和76.2%。五大行中农业银行吸收存款占比高达82.4%，吴江农村商业银行

吸收存款占比高至89%；9家股份制商业银行同业往来负债为五大类上市银行中最高，同业往来负债平均占比达24.5%，其中兴业银行同业往来负债占比达35.2%，源于其卖出回购债券和票据增加，导致卖出回购金融资产较2015年末增加248.79%。15家城市商业银行的应付债券占比为五大类银行中最高，平均占比达13.1%。杭州银行应付债券占比达24.7%，较2015年末增加6.9%，主要源于同业存单发行增加导致该行应付债券较上年末增加83.78%（见表1-4）。

表1-4　2016年上市银行负债构成占比

单位：%，百分点

银行	同业往来负债		吸收存款		应付债券		其他	
	2016年占比	较上年同期变动幅度	2016年占比	较上年同期变动幅度	2016年占比	较上年同期变动幅度	2016年占比	较上年同期变动幅度
工商银行	11.8	–1.0	80.5	0.7	1.6	0.1	6.2	0.2
农业银行	9.1	–0.7	82.4	0.8	2.1	–0.2	6.3	0.1
中国银行	10.3	–4.0	77.7	1.8	2.2	0.3	9.8	1.8
建设银行	11.0	–1.0	79.5	–1.3	2.3	–0.1	7.2	2.5
交通银行	23.0	0.3	60.9	–6.9	3.0	0.4	13.2	6.3
中信银行	21.4	–3.4	65.6	–0.7	7.0	1.0	6.0	3.1
光大银行	25.7	3.2	56.3	–11.5	10.9	3.8	7.1	4.4
华夏银行	18.4	–3.4	62.1	–8.9	12.2	8.7	7.3	3.7
民生银行	27.4	2.8	55.6	–9.3	7.2	2.9	9.8	3.7
招商银行	17.5	–3.6	68.6	–1.2	5.0	0.1	8.9	4.7
兴业银行	35.2	–3.3	47.0	–2.8	12.5	4.1	5.3	2.0
平安银行	16.9	2.6	69.9	–4.1	9.6	0.5	3.7	1.0
浦发银行	27.9	1.2	54.7	–7.8	12.1	3.7	5.2	2.9
浙商银行	30.6	–5.5	57.2	4.6	8.9	–0.3	3.3	1.1
邮储银行	5.4	–2.6	92.0	2.3	0.7	0.3	1.9	–0.1
北京银行	21.9	–5.6	58.3	–0.8	15.3	5.2	4.5	1.2
天津银行	32.0	0.5	59.4	–3.5	6.6	4.0	2.1	–1.0
盛京银行	25.9	1.8	48.3	–12.6	10.2	–1.7	15.6	12.6
锦州银行	34.3	–7.6	53.0	2.3	6.1	5.6	6.6	–0.3
哈尔滨银行	18.8	3.2	68.4	–6.3	8.3	2.7	4.5	0.4
江苏银行	26.8	–2.7	59.9	–3.5	8.7	4.5	4.5	1.7

续表

银行	同业往来负债		吸收存款		应付债券		其他	
	2016年占比	较上年同期变动幅度	2016年占比	较上年同期变动幅度	2016年占比	较上年同期变动幅度	2016年占比	较上年同期变动幅度
杭州银行	17.4	1.8	54.0	-6.8	24.7	6.9	3.9	-1.9
上海银行	25.8	-4.4	51.8	-6.6	14.1	5.0	8.3	6.1
南京银行	12.0	-5.6	65.4	-1.6	17.0	5.5	5.6	1.7
宁波银行	17.0	-3.2	61.3	8.3	13.5	-7.9	8.2	2.8
徽商银行	18.7	-5.3	65.9	5.4	13.0	-0.3	2.4	0.3
青岛银行	26.5	7.5	54.4	-13.2	16.0	6.5	3.1	-0.8
郑州银行	22.7	3.8	62.9	-5.4	13.0	2.1	1.5	-0.4
重庆银行	17.3	-7.3	65.7	-1.0	15.6	9.4	1.4	-1.1
贵阳银行	9.5	4.7	75.1	-5.7	13.7	1.2	1.7	-0.2
无锡银行	7.6	-3.5	82.5	1.8	5.8	1.8	4.2	-0.2
常熟银行	16.1	4.8	74.3	-7.9	5.8	2.9	3.7	0.3
重庆农商行	17.9	-3.8	69.2	-1.2	7.8	2.6	5.1	2.3
江阴银行	14.9	0.9	77.5	-4.1	4.3	4.3	3.3	-1.1
吴江银行	8.6	-0.1	89.0	0.7	0.0	-0.8	2.4	0.1
九台农商行	12.5	-6.7	71.7	0.0	13.2	6.2	2.6	0.5
张家港行	16.7	-2.5	78.9	3.9	0.7	-1.9	3.7	0.5
五大行平均	13.0	-1.3	76.2	-1.0	2.2	0.1	8.5	2.2
股份行平均	24.5	-1.0	59.7	-4.6	9.5	2.7	6.3	3.0
城商行平均	21.8	-1.2	60.3	-3.4	13.1	3.2	4.9	1.4
农商行平均	13.5	-1.6	77.6	-1.0	5.4	2.2	3.6	0.4
整体平均	19.3	-1.3	66.3	-2.8	8.9	2.4	5.5	1.7

注：同业往来负债包括：同业存放款项、同业拆入、卖出回购金融资产款项；吸收存款包括：公司存款、个人存款、其他；应付债券包括：发行债券、发行存款证。

数据来源：Wind资讯，各上市银行年报。

（三）效率维度

1. 净利差、净息差持续收缩

2016年，37家上市银行净利差平均较上年同期下降0.37%。除锦州银行、哈尔滨银行和常熟银行外，较上年同期均有所下降（见图1–7）。2016年，37家上市银行净息差平均较上年同期下降0.32%。除锦州银行、常熟银行外，35家上市银行净息差均出现了不同程度的下降（见图1–8）。受到2015年5次降息的影响，上市银行的息差普遍大幅收窄。其中，大型商业银行的净利差、净息差平均降幅相对较大，而降幅最大的是贵阳银行，分别下降0.69%和0.74%。常熟银行则分别逆势上升了0.6%和0.52%，源于其2016年生息资产规模较上年有明显扩张，一定程度上抵补付息负债成本的提升。

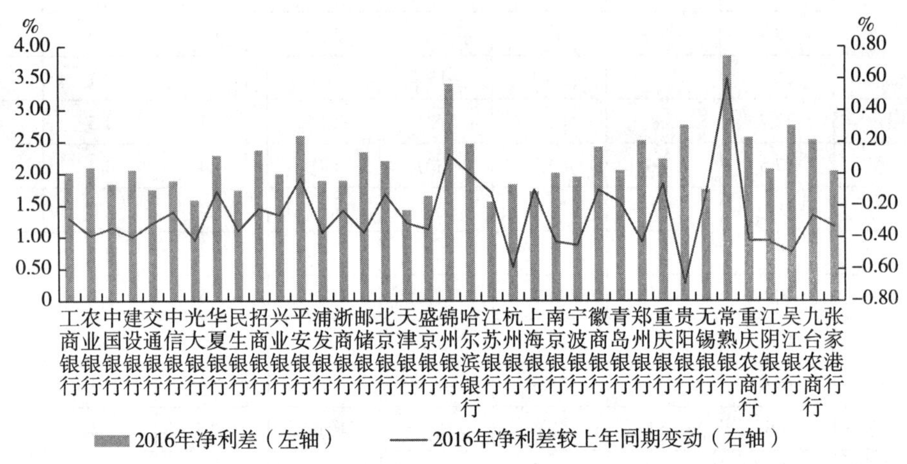

数据来源：Wind资讯，各上市银行年报。

图1–7　上市银行净利差及较上年同期变动

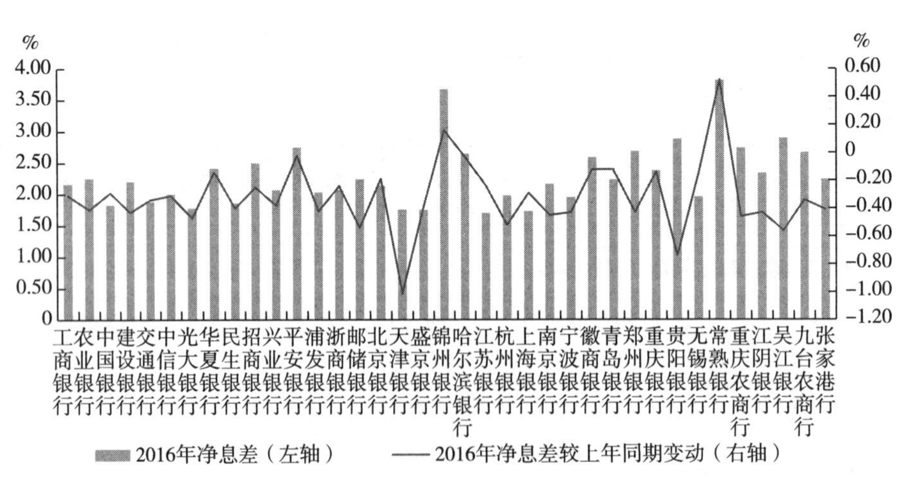

数据来源：Wind资讯，各上市银行年报。

图1–8　上市银行净息差及较上年同期变动

2. 成本收入比小幅上升

2016年，37家上市银行平均成本收入比为30%，同比小幅上升0.05%，有21家上市银行的成本收入比有不同程度的上升。其中，大型商业银行的平均成本收入比为29.53%；股份制商业银行为27.78%；城市商业银行为26.09%；农村商业银行为36.38%。成本收入比最高的为邮储银行，高达66.44%；最低的为锦州银行，仅为14.83%。2016年，37家上市银行营业支出较上年同期增长仅1.99%，但受营业收入增速较上年同期下降8.67个百分点的影响，成本收入比较上年略有上升（见图1–9）。

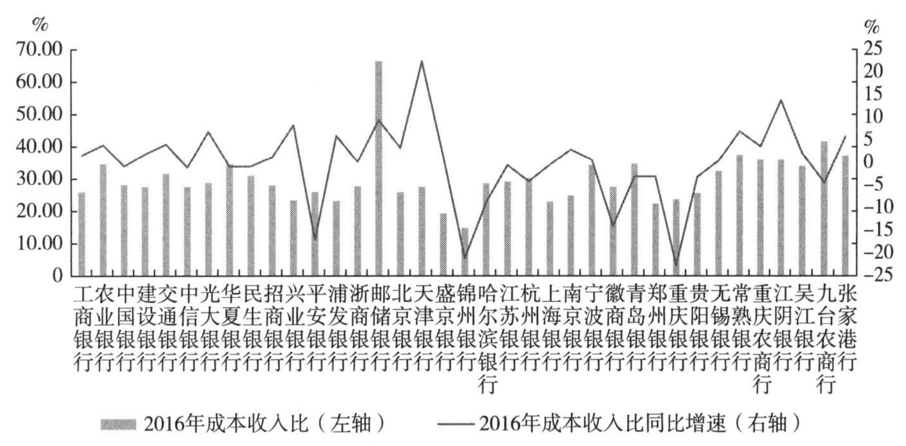

数据来源：Wind资讯，各上市银行年报。

图1–9　上市银行成本收入比及同比增速

3. 回报率略有下降

2016年，37家上市银行净资产收益率（ROE）平均下降1.44个百分点。大型商业银行、股份制商业银行、城市商业银行和农村商业银行分别下降1.73、1.71、1.61和0.38个百分点。上市银行中，除浙商银行、锦州银行和九台农商银行外，其余34家均出现不同程度的下降，其中下降幅度最大的为贵阳银行，下降5.44个百分点（见图1–10）。在总资产收益率（ROA）方面，上市银行平均降幅为0.1个百分点，下降幅度与上年度持平。城市商业银行平均下降幅度最高，为0.12个百分点，农村商业银行平均下降仅为0.05个百分点。有3家上市银行逆势上扬，其中最高的为锦州银行，上升0.21个百分点。下降幅度最大的为贵阳银行，同比下降0.43个百分点（见图1–11）。

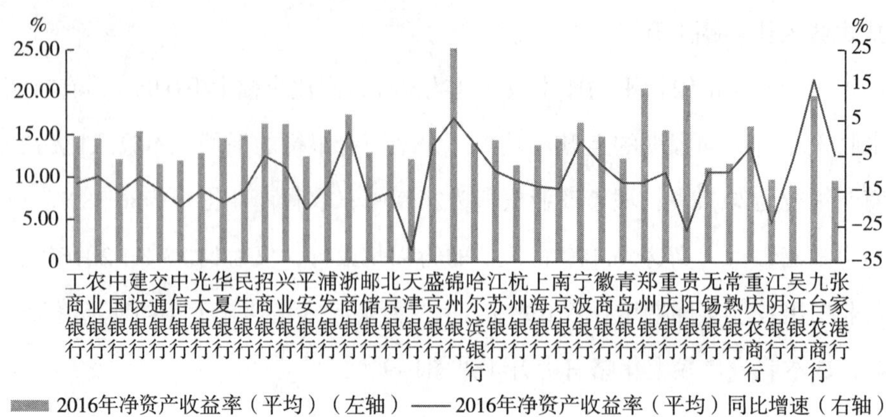

数据来源：Wind资讯，各上市银行年报。

图1-10 上市银行净资产收益率及同比增速

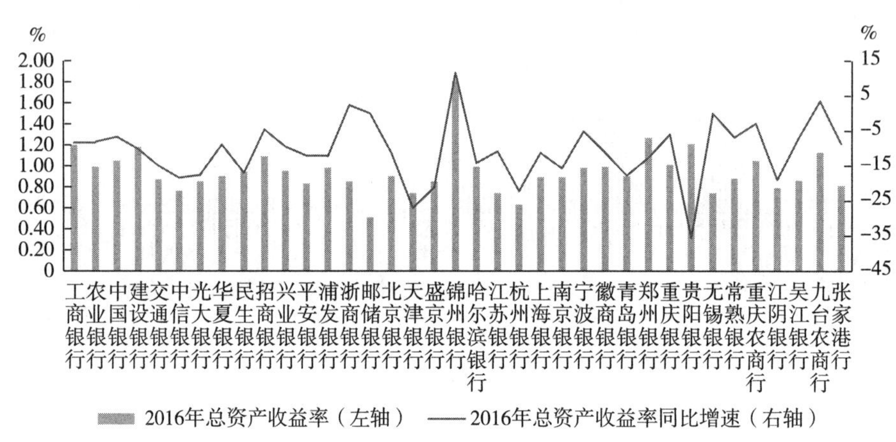

数据来源：Wind资讯，各上市银行年报。

图1-11 上市银行总资产收益率及同比增速

（四）风险维度

1. 不良贷款持续上升，同比增速放缓

截至2016年末，37家上市银行不良贷款余额共计12403.49亿元，较上年同期增加1841.78亿元，同比上升17.44%。其中，大型商业银行为8297.28亿元，股份制商业银行为3185.84亿元，城市商业银行为572.24亿元，农村商业银行为85.22亿元，邮政储蓄银行为262.91亿元（见图1-12）。不良贷款同比增速超过40%的有6家，分别为盛京银行、浦发

银行、哈尔滨银行、平安银行、浙商银行和郑州银行；除盛京银行同比增速高达404.42%外，其余五家均在45%左右。同比增速最低的3家银行是上海银行、吴江银行和建设银行，不良贷款余额同比增速分别为2.01%、6.01%和7.66%。不良贷款余额的增幅较上年明显收窄，其中大型商业银行的不良贷款余额增速下降了33.12%，股份制商业银行下降了22.06%。

从不良贷款率看，37家上市银行平均不良贷款率为1.49%，较上年高出0.13个百分点。其中，江阴银行不良贷款率最高，为2.41%，邮储银行和南京银行不良贷款率最低，均为0.87%。有11家上市银行不良贷款率低于上年同期，2家与上年持平，其中降幅最高的为吴江银行，同比下降0.08个百分点（见图1-12）。不良贷款率的增速同样呈现收窄趋势，其中大型商业银行的不良贷款率较上年同期仅上升2个基点，较2016年中期下降了2个基点，股份制商业银行较上年同期上升14个基点。

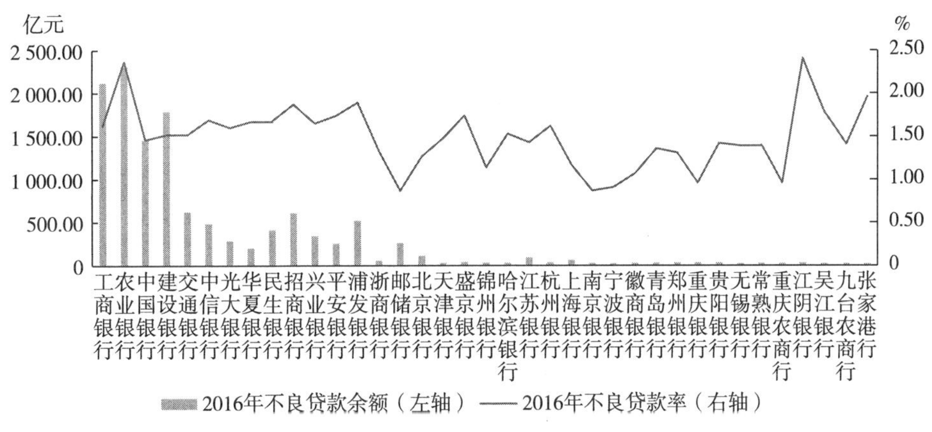

数据来源：Wind资讯，各上市银行年报。

图1-12 上市银行不良贷款余额及不良贷款率

从贷款的五级分类来看，2016年上市银行正常类贷款平均占比最高的为城市商业银行，达95.76%，最低的为农村商业银行，为92.88%。与上年同期相比，除农村商业银行上升了2.42个百分点之外，大型商业银行、股份制商业银行以及城市商业银行分别下降了0.06%、0.11%以及0.24。在关注类贷款方面，平均占比最高的为农村商业银行的5.64%，最低的为城市商业银行的2.97%。与上年同期相比，大型商业银行和城市商业银行分别上升了0.04%和0.08%，股份制银行小幅下降了0.07个百分点，农村商业银行则大幅下降了1.45个百分点。在不良贷款的占比方面，大型商业银行、股份制商业银行的次级类贷款分别下降了0.1%和0.06%，但可疑类和损失类的占比均有不同程度的上升，其中股份制银行的可疑类贷款上升了0.15%（见表1–5）。

总体来看，大型商业银行、股份制商业银行和城市商业银行不良贷款的生成速度明显放缓，但资产质量压力仍在，未现拐点。农村商业银行的资产质量有明显好转，正常类占比上升幅度以及关注类占比下降幅度均为最高，不良贷款占比较上年同期仅上升0.05%，但资产质量与其他银行相比仍有待提高。

表1–5　2016年37家上市银行贷款资产质量五级分类情况

单位：%，百分点

银行	正常类贷款占比		关注类贷款占比		不良贷款占比					
					次级类贷款占比		可疑类贷款占比		损失类贷款占比	
	2016年	较上年同期变动幅度	2016年	较上年同期变动幅度	2016年	较上年同期变动幅度	2016年	较上年同期变动幅度	2016年	较上年同期变动幅度
工商银行	93.91	–0.23	4.47	0.11	0.84	–0.04	0.63	0.12	0.15	0.03
农业银行	93.74	0.33	3.88	–0.32	0.59	0.06	1.56	–0.10	0.22	0.03
中国银行	95.42	–0.64	3.11	0.61	0.61	–0.03	0.37	–0.09	0.48	0.15
建设银行	95.61	0.08	2.87	–0.02	0.61	–0.27	0.70	0.13	0.21	0.08
交通银行	95.46	0.15	3.02	–0.16	0.43	–0.19	0.66	0.05	0.44	0.15
中信银行	95.66	0.66	2.65	–0.93	0.70	–0.12	0.63	0.18	0.36	0.20
光大银行	94.62	0.63	3.78	–0.61	0.63	–0.10	0.78	0.09	0.18	0.003
华夏银行	94.12	–0.14	4.20	–0.01	0.64	0.06	0.76	0.14	0.28	–0.06
民生银行	94.57	–0.14	3.75	0.06	0.55	–0.45	0.78	0.36	0.35	0.17
招商银行	96.04	0.33	2.09	–0.52	0.75	–0.36	0.68	0.29	0.45	0.26
兴业银行	95.75	–0.44	2.59	0.24	0.84	0.20	0.58	0.04	0.23	–0.05
平安银行	94.15	–0.25	4.11	–0.04	0.94	0.28	0.30	0.13	0.50	–0.12
浦发银行	94.29	–1.27	3.82	0.94	0.75	–0.14	0.57	0.15	0.57	0.32
浙商银行	96.53	–0.38	2.14	0.27	0.64	0.04	0.50	–0.05	0.19	0.12
邮储银行	98.32	0.62	0.81	–0.69	0.26	0.09	0.23	–0.05	0.39	0.03
北京银行	97.28	–0.56	1.46	0.40	0.64	0.24	0.19	–0.01	0.44	–0.07
天津银行	94.21	–0.95	4.45	0.95	1.23	0.45	0.08	–0.26	0.17	–0.05

续表

银行	正常类贷款占比		关注类贷款占比		不良贷款占比					
					次级类贷款占比		可疑类贷款占比		损失类贷款占比	
	2016年	较上年同期变动幅度	2016年	较上年同期变动幅度	2016年	较上年同期变动幅度	2016年	较上年同期变动幅度	2016年	较上年同期变动幅度
盛京银行	95.91	−2.24	2.34	0.91	1.66	1.34	0.07	−0.01	0.01	−0.004
锦州银行	95.24	0.05	3.61	−0.16	0.59	0.08	0.32	−0.08	0.23	0.11
哈尔滨银行	95.87	−0.26	2.61	0.13	0.58	−0.32	0.69	0.34	0.25	0.11
江苏银行	95.56	0.10	3.01	−0.11	0.43	0.18	0.73	−0.28	0.28	0.11
杭州银行	93.56	−0.11	4.82	−0.14	0.38	0.15	0.24	−0.10	1.01	0.20
上海银行	96.67	−0.08	2.16	0.09	0.28	−0.07	0.67	0.22	0.23	−0.16
南京银行	97.20	−0.05	1.93	0.01	0.51	−0.10	0.28	0.13	0.08	0.01
宁波银行	97.75	0.45	1.33	−0.44	0.51	0.10	0.29	−0.06	0.11	−0.05
徽商银行	96.97	0.84	1.96	−0.93	0.77	0.15	0.22	−0.08	0.08	0.02
青岛银行	94.66	−0.98	3.98	0.81	0.62	0.15	0.68	−0.01	0.07	0.04
郑州银行	95.76	−0.83	2.93	0.62	0.94	0.02	0.37	0.19	0.001	0.001
重庆银行	95.08	0.30	3.96	−0.29	0.52	−0.07	0.39	0.04	0.05	0.02
贵阳银行	94.63	0.74	3.95	−0.68	0.74	−0.30	0.33	−0.03	0.35	0.26
无锡银行	96.99	−0.45	1.61	0.23	1.22	0.33	0.16	−0.09	0.01	−0.02
常熟银行	95.18	8.11	3.42	−0.51	1.35	0.05	0.05	−0.01	0.004	0.001
重庆农商行	96.34	0.42	2.70	0.44	0.49	0.02	0.47	0.001	—	—
江阴银行	—	—	—	—	—	—	—	—	—	—
吴江银行	82.32	5.62	15.89	−5.54	1.13	0.49	0.53	−0.44	0.13	−0.13
九台农商行	95.33	−0.08	3.25	0.08	0.34	0.15	1.07	−0.15	0.003	−0.0004
张家港行	91.09	1.73	6.95	−1.73	1.51	0.02	0.34	−0.10	0.12	0.08
五大行平均	94.83	−0.06	3.47	0.04	0.62	−0.10	0.78	0.02	0.30	0.09
股份行平均	95.08	−0.11	3.24	−0.07	0.72	−0.06	0.62	0.15	0.35	0.09
城商行平均	95.76	−0.24	2.97	0.08	0.69	0.13	0.37	0.00	0.22	0.04
农商行平均	92.88	2.42	5.64	−1.17	1.01	0.17	0.44	−0.13	0.05	−0.01
整体平均	95.05	0.28	3.49	−0.19	0.73	0.06	0.50	0.02	0.25	0.05

数据来源：Wind资讯，各家银行年报。

2. 90天以上逾期贷款高于不良贷款同比增速

根据2016年37家上市银行年报，90天以上逾期贷款同比增速为33.92%，明显高于

2016年逾期贷款的同比增速。其中，90天以上逾期贷款额最高的是农业银行，达到了1950.9亿元，而同比增速最高的是盛京银行，达579.23%。从90天以上逾期贷款与不良贷款的比值来看，大型商业银行、股份制银行、城市商业银行、农村商业银行和邮储银行分别为0.92、1.25、1.15、1.02和0.79。股份制银行、城市商业银行、农村商业银行等比值较大的银行，其资产质量面临的压力较大（见图1-13）。

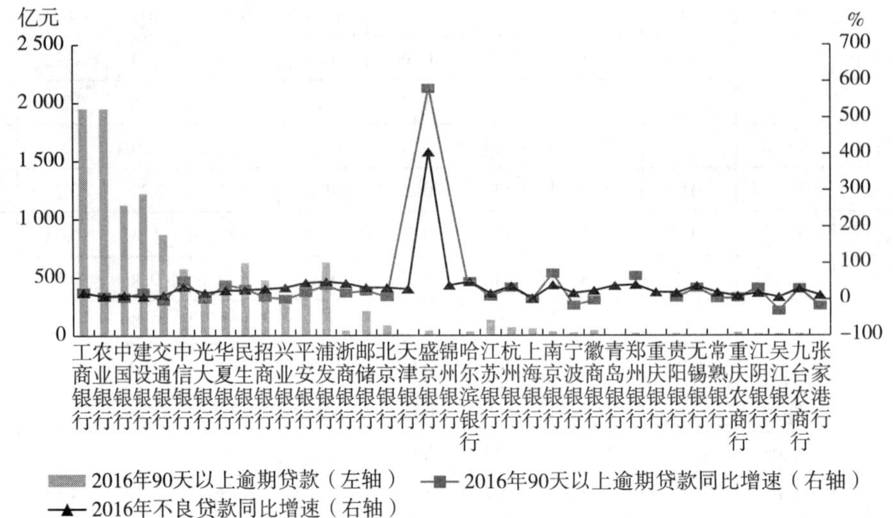

注：天津银行、锦州银行、青岛银行、重庆银行2016年和2015年年报未披露90天以上逾期贷款数据。

数据来源：Wind资讯，各家上市银行年报。

图1-13　上市银行90天以上逾期贷款及同比增速

3. 拨备覆盖率持续下降

2016年，37家上市银行的平均拨备覆盖率为216.87%，同比下降11.75%，大型商业银行、股份制商业银行和城市商业银行的平均拨备覆盖率分别同比下降了6.38%、6.22%和21.62%，而农村商业银行同比上升了0.57%。其中，拨备覆盖率最高的为南京银行（457.23%），最低的为工商银行（136.69%），有14家上市银行的拨备覆盖率出现了不同程度的回升，增长幅度最高的为重庆银行，同比上升49.37%，下降幅度最大的为盛京银行，同比下降323.21%。在不良贷款增长速度逐渐放缓的情况下，上市银行的拨备计提压力有所缓解，拨备覆盖率较上年同期有所下降，但仍处于较高水平，行业整体的风险抵补能力依然较强（见图1-14）。

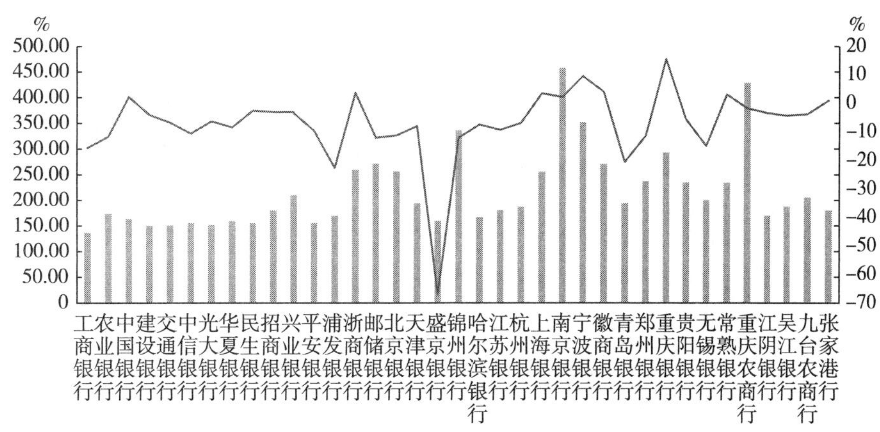

2016年不良贷款拨备覆盖率（左轴）　—— 2016年不良贷款拨备覆盖率同比增速（右轴）

数据来源：Wind资讯，各家上市银行年报。

图1-14　上市银行拨备覆盖率及同比增速

4. 资本充足率小幅下行

自2013年以来，上市银行的资本充足率和核心一级资本充足率首次出现了下降，37家上市银行在2016年的平均资本充足率为12.60%，同比下降了7个基点，平均核心一级资本充足率为9.97%，同比下降了32个基点。其中，大型商业银行的平均资本充足率和平均核心一级资本充足率最高，分别为14.18%和11.72%，展现出较强的风险抵御能力。总体来看，不良资产的持续上升，以及通过扩张资产规模推动营业收入增长的路径依赖对银行资本构成压力，导致资本充足率下降（见图1-15和图1-16）。

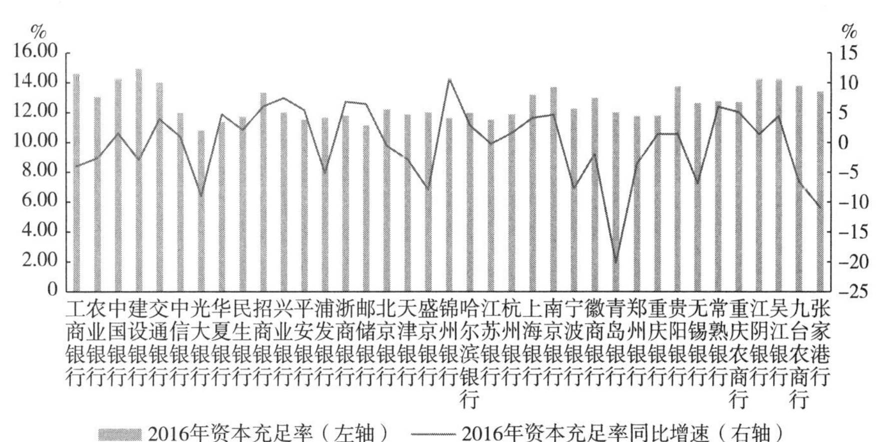

2016年资本充足率（左轴）　—— 2016年资本充足率同比增速（右轴）

数据来源：Wind资讯，各家上市银行年报。

图1-15　上市银行资本充足率及同比增速

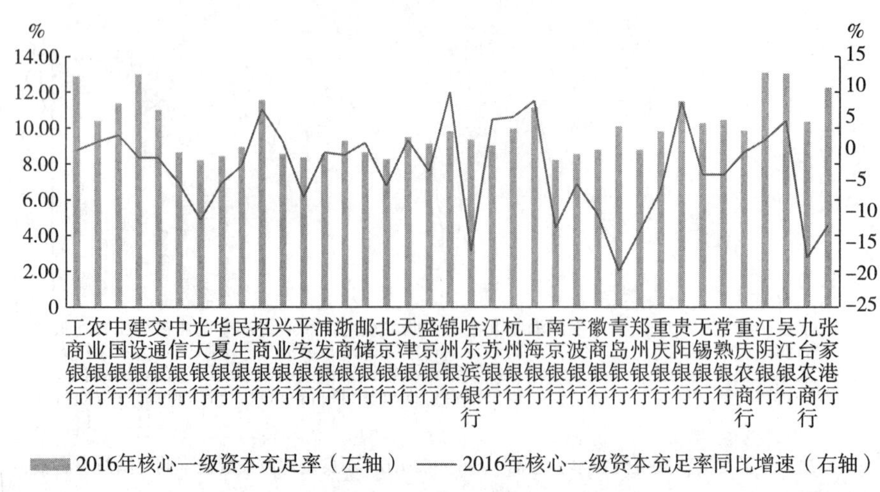

数据来源：Wind资讯，各家上市银行年报。

图1-16　上市银行核心一级资本充足率及同比增速

二、从年报看上市银行经营指标变化的原因分析

营业收入增长放缓、收入结构不断优化、中小银行负债规模增长较快是2016年上市银行经营指标反映出的较为明显的变化。究其原因，利率下调及“营改增”、盈利模式转型、同业类负债占比较高等是主要的影响因素。

（一）利率下调及“营改增”影响盈利表现

在净利润增速上升的背景下，营业收入增速却大幅放缓，这是2016年上市银行年报中值得关注的现象。从结构上来看，商业银行营业收入可以大体分为三块，分别是利息净收入（通常占比在7成以上）、手续费及佣金净收入（近年来占比在2成左右）和其他非息收入。

造成利息净收入下降的主要原因有两个，首先是利率下调因素。随着利率市场化不断深入，受央行2015年连续5次下调基准利率的影响，对商业银行的资产端收益产生较大冲击，而负债端由于民众理财意识日益增强，具有一定成本刚性，导致资产负债间的息差收入呈收窄态势。此外，房地产市场大热对银行利息收入下降产生一定影响。中国人民银行金融统计数据显示，2016年新增人民币贷款12.65万亿元，同比多增9257亿元，再

度刷新历史纪录。这主要来源于住户部门中长期贷款，同比增加5.68万亿元，较2015年增长2.63万亿元。由于2016年住房按揭贷款普遍实行的是在基准利率基础上打折，进一步削弱了生息资产的收益，息差降幅扩大。

其次是“营改增”的影响。营业税是价内税，而增值税是价外税，“营改增”会出现价税分离的情况。在增值税体系下，销售收入的计算公式通常为：销售额=含税销售额/（1+增值税税率）。对商业银行而言，2016年的贷款利息收入要按照不含增值税的金额来确认收入，与营业税时代（2015年及以前）相比，由于流转税税额不再计入，所以贷款利息收入金额会降低。因此，2016年商业银行利息净收入的计算公式为：含税利息收入（贷款利息收入等）÷1.06+其他免增值税利息收入（如债券和非保本投资利息收入）–利息支出，所得结果自然要小于营业税时期的算法。

以上两个因素叠加，不仅造成2016年上市银行营业收入同比增速大幅下滑，同时也间接解释了净息差和净利差同比降幅扩大的原因。2016年，净息差和净利差同比分别下降32个基点和26个基点，较2015年12个基点和10个基点的同比降幅显著扩大。从净息差和净利差的计算公式来看，它们的分子项上都包含利息收入，亦会同时受到“营改增”和市场因素的影响。

（二）监管趋严或对盈利模式带来影响

在利息净收入增速同比大幅下降的情况下，37家上市银行净利润平均增速却不降反增，其主要原因便是在利率市场化和息差收窄的“刺激”下，商业银行的经营模式也逐渐由传统的存贷业务转向多元化业务经营。

近年来，由于表内资产受到的监管趋严，商业银行出于收益率和规避监管的考虑，加大了表外理财业务的发展。在利率市场化的影响下，理财负债端收益率有一定刚性，降速始终低于其资产端收益率，倒逼商业银行通过期限错配、加杠杆、委外等方式获取额外收益，加大了金融体系的系统性风险。

根据银行业理财登记托管中心发布的《中国银行业理财市场年度报告（2016）》来看，截至2016年底，银行业金融机构理财产品存续余额为29.05万亿元，较年初增加5.55万亿元。2016年，理财产品日均存续余额为27.01万亿元，较上年增长7.47万亿元。

表外业务的快速发展引起了监管部门对防控风险的重视。中国人民银行于2016年第四季度开始推出一系列旨在抑制表外理财产品过快增长的政策，其于2016年第四季度宣布将银行理财纳入宏观审慎评估体系（MPA）考核，将其作为广义信贷考核指标的一部分。MPA要求广义信贷增速与目标M_2增速偏离不超过20个百分点，以2016年M_2目标增速为13%计，广义信贷增速应不超过33%。受此影响，2016年理财产品年末增速出现大幅下降，增幅为23.63%，较年初大幅滑落32.83%。由于MPA考核是长期性的指标监控，将会影响银行业未来表外理财业务的增速，也必然会对银行的盈利能力产生冲击。在去杠杆和严监管的压力下，银行业表外业务发展模式面临重大改变和重塑。

（三）中小银行同业类负债占比较高

2016年，同业存单已经成为大量中小银行进行负债扩张的主要工具。在同业存单存量的发行结构中，城市商业银行和股份制银行合计占比高达98%，前者为50%，后者为48%。对应的，城市商业银行应付债券类负债占比最高，达到13.1%，股份制银行次之，为9.5%。37家上市银行中贵阳银行负债规模增速最高，达到56.3%，而主因就是其应付债券的同比增速高达71.33%。股份制银行中负债增速最快的则是民生银行，同比达31.7%，其同业存单发行规模同比增速更是高达274.63%。

由于同业存单是同业存款的线上标准化产品，其本质上应属于同业类负债。只是因为推出时间不长，监管部门出于活跃市场、鼓励同存业务标准化透明化的考虑，所以暂时并未将其纳入同业负债中。

中国人民银行、银监会、证监会、保监会及国家外汇管理总局联合印发的《关于规范金融机构同业业务的通知》（银发〔2014〕127号）中规定，同业负债占负债总额的比例不能超过三分之一。而从37家上市银行的2016年年报来看，股份制商业银行和城市商业银行同业往来负债+应付债券的比例分别高达34%和34.9%，均已超出监管三分之一。一旦未来同业存单正式纳入同业负债考核，对股份制银行和城市商业银行目前的主动负债驱动模式将形成重大冲击，并连带约束其资产规模的扩张。

三、从年报看上市银行亮点

2016年，随着供给侧结构性改革逐步进入攻坚克难的深水区，国内经济L型走势愈发明显，经济增速在震荡中下行。但上市银行并没有随着经济的下行而萎靡不振，相反，上市银行纷纷谋求转型发展，在业务经营中呈现出了诸多亮点。

（一）规模依赖现象有所缓解，逐步打造“轻型银行”

2016年，37家上市银行资产总额达154.34万亿元，较2015年增长13.9%，增速较2015年同比增速降低5.3个百分点，可以看出上市银行正逐步摒弃“规模依赖”和“速度情结”。多家上市银行正逐步向“轻型银行”转型，更加注重向“轻资产”的转变。在上市银行总体资产规模增速放缓的同时，9家上市银行的资产规模增速也出现分化，凸显了不同银行对规模战略的调整。如浙商银行和民生银行的资产规模增速仍保持在30%以上，而招商银行和中信银行则将资产规模增速下调至15%以下，招商银行资产规模增速更是下调到8.5%的历史低位，较2015年同比增速下降了7.21个百分点。

2016年三季报数据显示，中信银行、平安银行均收缩了资产规模，即出现了“缩表”行为。如中信银行2016年第三季度末资产规模为5.54万亿元，相比第二季度末缩减了652.43亿元。中信银行的阶段性“缩表”一定程度上也表明部分商业银行开始走出依靠规模扩张来获取盈利的“路径依赖”，更加注重效益领先和质量发展，更加注重提升资本内生能力。随着央行宏观审慎评估（MPA）的正式启动，银监部门对同业、理财业务监管的加强及银行自身资本金的限制，商业银行更需合理调配信贷资源，进一步优化资产负债结构，逐步向“轻型银行”转型。

（二）零售贷款快速增长，零售业务战略初显成效

2016年，在消费升级、企业信贷需求疲弱的背景下，各上市银行都在发力零售业务，以谋取零售战略的转型。2016年，37家上市银行个人贷款余额为26.05万亿元，同比增长25.66%，约为全部贷款同比增速的2倍；个人贷款占全部贷款的比重为34.68%，占比较2015年提高3.56个百分点，同期公司贷款占贷款余额的比例则由2015年的64.55%下滑到2016年的60.62%，零售业务对上市银行的贡献度在不断提升。

究其原因，一方面，个人贷款余额的快速增长与2016年房地产市场的火爆有一定关系，导致个人住房按揭贷款快速增长，2016年个人住房贷款占个人贷款的比重达到66.21%，占比较2015年提升4.77个百分点。

另一方面，也要看到零售贷款的快速增长与上市银行争先谋取零售业务的战略转

型有较大关系。招商银行立足零售业务体系化的优势，把“一体两翼”确立为“二次转型”的战略定位，零售金融作为“一体”的战略支点作用不断凸显，形成全方位的内生能力体系，在客群、渠道、产品、队伍建设、IT系统、营运能力、品牌等方面都建立了体系化优势。2016年，招商银行净利润增速达到7.52%，其中，零售金融在贷款余额、营业收入、税前利润占比三个指标上全面占据半壁江山，成为了招商银行抵御经济周期波动的“压舱石”。2016年，零售贷款余额为1.54万亿元，同比增长25.59%，占贷款总额的50.45%，占比较2015年提升3.8个百分点；零售金融业务利润保持较快增长，价值贡献持续提升，税前利润达 440.94 亿元，同比增长 23.80%，占其业务条线税前利润的比例不断提升，达 53.62%，同比提升4.07 个百分点；零售金融业务营业收入达 978.82 亿元，同比增长 8.41%，占其营业收入的 49.57%，同比提升 2.48 个百分点。

（三）中间收入业务能力提升，多元化经营趋势愈发明显

2016年，上市银行非息净收入占比持续增加，成为营业收入增长的主要驱动力，一方面得益于客户财富的快速增长，另一方面则与中间收入业务的增长有关。在息差收窄、互联网金融、直接融资模式快速发展等多重因素的冲击下，原来单纯依靠“利差”模式的上市银行通过拓展托管、票据、理财等中间业务来优化现有收入结构。

2016年，上市银行的手续费及佣金收入占中间业务收入比重较高。其中，银行卡服务手续费、代理业务手续费和托管及其他受托业务佣金是手续费及佣金收入的主要组成部分，也是进一步提升非息净收入的重点。民生银行托管及其他受托业务佣金的快速增长主要得益于该行紧抓“大资管”的发展机遇，对外搭建了合作平台，建立了重点客户合作生态圈，积极推进了“托管+”业务模式的创新，进而实现了托管业务的快速发展。

（四）科技投入力度不断加大，智能化特征日趋凸显

伴随着金融科技时代的来临，客户需求也逐步向多元化、个性化、智能化方向发展，都给传统商业银行带来了较大的挑战。面对着金融科技带来的革命性颠覆，上市银行纷纷加大了金融科技的投入力度，越来越重视采用金融科技改善服务、提高效率，正逐步地“化危为机”。同时，上市银行也在向智能化转型，智慧网点、智能投顾、智能设备正成为各家银行布局的重点，也将成为银行转型创新的重要领域。

例如，工商银行为了应对金融科技创新的挑战，先后创建了互联网金融、大数据与人工智能、云计算、区块链与生物识别等“七大创新实验室”，构建了更为开放灵活、功能更为强大的技术系统。同时，该行还积极整合科技创新资源，投入近千个应用创新项目，继续从产品、场景、渠道等多维度继续推动e-ICBC互联网金融发展战略，2016年“融e行”开放式网络银行平台客户达到2.53亿户，“融e购”电商平台年交易额达1.27万亿元，“融e联”即时通讯平台客户达6649万户，是年初的12.4倍，网络融资新增1057亿元，规模达到6293亿元，成为国内最大的网络融资银行。招商银行在2016年12月推出的“智能投顾——摩羯智投”，在社会上引起极大关注。“摩羯智投”是一款针对普通个人投资者的智能理财技术，它可以根据用户风险承受度、投资期限以及投资偏好等条件，为客户自动筛选匹配一揽子公募基金，分散投资风险，避免情绪化操作。招商银行下一步将主要通过实施Fintech战略，设立专项科技基金，加大Fintech投入，在移动技术、云计算、大数据、人工智能等基础设施领域持续加大投入。民生银行推出的智能业务机器人小“ONE”，除了能和客户寒暄、引导客户、业务咨询之外，还可以办理40余种业务类型，如开户办卡、产品销售等。随着上市银行不断加大科技投入，有助于其借助新兴科技改善金融服务，进而重塑核心竞争力。

四、从年报看上市银行未来的趋势

从2016年上市银行年报看，上市银行业绩可谓忧喜参半。总体来看，上市银行表现出以下可喜变化：业务结构更加合理，非息收入占比大幅增加，资产投资能力、成本管控能力和处理不良资产等能力显著增强，净利润企稳回升、回报率下降趋缓。但同时，上市银行也出现了营业收入增速放缓、资本充足率和核心一级资本充足率下降等现象。

（一）2017年上市银行主要经营指标走势分析

从盈利维度指标来看，2017年，营业收入仍面临着较大的增长压力。银行营业收入主要由利息净收入、手续费及佣金净收入和其他非利息收入三部分构成，利息净收入是其中最主要的组成部分。近年来，由于存贷息差对营业收入的贡献越来越弱，利息净收入占营业收入的比重在不断下滑。随着利率市场化的深入推行，宏观经济的逐步企稳将有效推动实体经济有效信贷需求的回暖，同时，随着货币市场利率向贷款利率的加速传导，贷款利率将逐步提升。上市银行也将主动调整资产种类配置结构、资产期限结构和资产重定价期限结构，净息差水平或将在2017年上半年到达低点，净息差水平的企稳改善将有效支撑上市银行下半年营业收入的增长。而作为上市银行近年来盈利增长的主要来源，2017年非利息收入将同比减少，主要原因有：一是随着降成本工作的推进，银行“降费让利”幅度将进一步加大，传统中间业务收费费率调整将直接影响上市银行手续费及佣金收入等非利息收入；二是在监管趋严的大背景下，监管新规将对上市银行理财业务的规模扩张形成较大约束，导致投资收益类资产的非利息收入下降。

虽然营业收入面临一定的增长压力，而且随着监管政策持续收紧，上市银行业务发展趋缓，部分业务甚至出现萎缩，但在宏观经济回暖、资产规模稳定增长、不良逐步企稳、“营改增”不利因素减弱、管理费用减少等因素推动下，上市银行净利润将继续保持稳步增长。受益于拨备持续反哺，上市银行净利润增速快于营业收入增速的态势将进一步凸显。

从业务维度指标来看，2013—2016年，上市银行资产规模增速分别为10.75%、11.16%、12.36%和13.9%，资产规模增速稳步上升。预计2017年上市银行资产规模增速仍将保持稳步上升态势，但随着金融监管趋严，以及商业银行加快向轻资产、轻资本业务转型，上市银行资产规模增速将有所放缓，进入稳健发展、提质增效阶段。

2016年第三季度以来，货币政策从适度宽松转向稳健中性，货币市场利率中枢上移。2017年，央行将进一步收紧货币政策，融资成本趋于上升，总体流动性状况将弱于2016年。2017年将成为银行体系的监管大年，过去几年快速发展的同业链条将成为去杠杆的重点，同业负债放缓是大势所趋，同业资产在上市银行资产负债表中的占比将进一步下降。虽然资产规模扩张仍将是拉动上市银行净利润增长的主要因素，但考虑到规模扩张给上市银行带来资产质量和资本补充的压力，再叠加货币环境收紧、表外理财纳入宏观审慎评估、监管趋严等因素，上市银行整体规模增速将趋于稳健，预计2017年上市银行资产扩张将呈现稳中趋缓的态势，增速在10%左右。

在金融去杠杆持续推进的前提下，银行将逐步改变以规模换收益的发展模式。一方面，部分银行通过收缩资产负债表，对业务结构进行主动调整；另一方面，随着上市银行资产投资能力、交易能力和资产负债管理能力的增强，上市银行的资产结构将加快调整，贷款和同业资产占比会有所压缩，证券投资类资产配置将继续增加。

从效率维度指标来看，2016年，上市银行成本收入较同比略有上升，这也是自2010年以来的首次提高。受营业收入增速下滑的拖累，转型发展需要加大投入，加之成本管控的空间日益收窄，上市银行成本下降压力进一步加大，预计2017年上市银行成本收入比将继续保持微升态势，对净利润增速造成更大不利影响。从银行类型来看，五大行和农村商业银行成本管控压力较大；股份制商业银行成本压降力度更大，但边际效用将逐步减弱；而随着资产规模的扩张，城市商业银行的成本收入比上升幅度可能更大。

从风险维度指标来看，2017年，宏观经济企稳将有效促进实体经济发展和不良贷款的化解，对银行业基本面改善形成重要支撑，风险大规模集中暴露的可能性不大。“一带一路”战略的加速推进和美国加大基建的预期，将带动大宗商品、重工业和基础设施建设等顺周期行业的盈利改善，进而缓解上市银行资产质量下行压力，进入不良生成的稳定期。此外，随着不良资产处置方式日趋多样化，各家上市银行加快推进不良资产证券化、市场化债转股的处置模式的探索和实施，风险抵补能力稳中有升，也将有效改善上市银行资产质量。但潜在风险犹存，短期内不良贷款余额和不良贷款率均难言见顶：一是仍有相当一部分的贷款风险尚未完全暴露，尤其是中西部部分地区以及一些传统行业不良资产化解仍面临较大压力，大量关注类和逾期贷款将带动资产质量下行；二是流动性趋紧、地方债务置换，都将对上市银行经营造成一定的风险压力；三是上市银行不良贷款主要集中于小微企业、两高一剩和顺周期行业企业，随着去产能力度的不断加大，这些行业和企业的经营环境可能会更加艰难，相关贷款的违约风险将逐渐显现；四是受央行加强MPA考核、同业理财监管趋严等因素影响，上市银行用于拨备的财务资源较为有限，处置和消化内部不良资产的能力面临挑战。因此，上市银行不良贷款规模增长压力依然存在，但不良贷款率增速将继续放缓，预计2017年上市银行不良贷款率将小幅上升，达到1.8%左右的水平。

（二）2017年上市银行发展路径展望

2017年，全球经济增长仍然乏力，“逆全球化”趋势、“脱欧”风险、特朗普新政、美国步入加息周期、地缘政治冲突、金融市场波动等，都将给国内外经济发展带来不确定性。随着供给侧结构性改革的深入推进，国内经济增长动能处在转换过程中，但内生增长动力尚待加强，在去产能、去杠杆、去库存的结构调整压力下，经济运行仍面临诸多风险，上市银行持续健康发展面临新的机遇和挑战。2017年，上市银行将在战略变革、经营模式、业务创新等方面加快调整步伐，呈现出五个方面的趋势。

1. 轻型化趋势进一步加强

随着利率市场化深入推进，商业银行单纯依靠扩大规模实现收入增加的路径已不可持续，“轻型化”发展成为业界共识和上市银行转型发展的显著趋势。2017年，上市银行将加快发展轻资本、轻资产业务，力求通过渠道、流程、管理的转型，寻求资本节约、结构优化和效率提升，实现内涵式发展。业务结构方面，上市银行将加快发展在客户财富增长和资本市场发展契机下兴起的各类新型业务，围绕投资银行、交易银行、资产托管、财富管理、消费金融等业务，加大对新业务的资源投入和改革创新力度，通过业务结构调整拉动整体非息收入增长。

2. 综合化经营进一步深入

综合化经营为上市银行在客户综合经营、产品组织营销、业务联动发展等方面提供了有利机会，提升跨业、跨界、跨境经营水平，有效促进母行实现盈利来源多元化。2017年供给侧结构性改革深入实施、经济转型加速发展、金融改革稳步推进，为上市银行加快综合化经营提供了新动能。一是在去产能、去库存、去杠杆背景下，行业并购重组加快将为银行业加大投行服务和并购贷款等业务提供新机遇；二是随着债券市场进一步开放、地方债发行加速，上市银行将加快债券承销、加大债券配置和交易等业务；三是2016年，国务院发布《关于积极稳妥降低企业杠杆率的意见》，明确了用法治化、市场化手段推进银行债权转股权的总体思路，为银行盘活资产、拓展股权业务、增加经营活力创造了条件。此外，以直销银行为代表的子公司设立，也将为上市银行探索综合化经营开辟新路径。

3. 智能化步伐进一步加快

人工智能、大数据、云计算等金融科技对银行业的产品服务、商业模式、经营理念带来深刻变革，为银行创新服务方式和流程、整合传统服务资源、提升资源配置效率提供了新的工具和手段。上市银行从渠道、产品、场景等维度探索银行业务与金融高科技的融合发展，其中表现最为突出的是零售银行业务。2017年，金融科技在金融领域的应用将进一步深入。在进一步深化互联网金融布局的基础上，上市银行将借助人工智能、大数据、云计算等金融科技创新成果，大力发展“智能金融”，加快优化运行质态，重塑服务模式，不断实现产品服务和业务模式创新，增强对客户特别是年轻客户的吸引力，逐步降低经营成本，打造全新的核心竞争力。

4. 规范化经营进一步完善

中国人民银行于2017年第一季度宏观审慎评估（MPA）时，将表外理财纳入广义信贷范围，以合理引导金融机构加强对表外业务风险的管理。中国银监会于2017年4月前两周内连发7个监管文件，内容涵盖提升银行业服务实体经济质效、银行业市场乱象整治、银行业风险防控、弥补监管短板、开展“三违反”“三套利”“四不当”专项治理等多方面。“严监管”“强监管”措施不断，一度引发了金融市场的担忧，商业银行开始调整涉嫌监管套利、资金空转等各种业务。由于此次监管措施力度空前，且具有长期性，对银行业既有业务模式和盈利模式产生较大影响。2017年，在监管趋严的环境下，上市银行将把合规经营放在更加突出的位置，更加重视金融稳定，防范金融风险，引导资金“脱虚向实”，让金融更好地服务实体经济。

5. 国际化战略进一步推进

随着“一带一路”建设、人民币国际化等进程加快，2017年大中型上市银行将进一步推进国际化战略。特别是作为“十三五”期间的三大国家级战略之一，“一带一路”倡议深入实施为银行业开启了一个跨地区、跨币种、跨文化的金融服务市场，将有效推动中资银行加速国际化步伐。随着中资企业“走出去”步伐加快，海外兼并收购不断，大中型银行将通过自设和收购兼并，进一步开展境外机构建设，填补在主要大洲、国际金融中心、与中国往来密切国家的服务网络空白，通过境外主要金融市场的资源优化配置和资产组合管理，丰富客户综合金融服务功能，打造境外特色化优势和新型竞争力；通过内外部联动、设立投资基金等方式提升“一带一路”的参与力度，积极发展各类海外业务。

执笔：董希淼、杨芮、蔡浩、吴琦、唐丽华、李蕾、王丽娟、周晓维

第二章　商业银行经营环境与上市银行战略动向分析

2016年，对于商业银行来说是市场充满变数，发展战略迎来实质性考验的一年。从所处的经营环境来看，主要宏观变量和政策走向发生了深刻变化，对商业银行的经营绩效造成了较大的影响。自2016年初开始的大宗商品反弹、美国总统大选、美元加息节奏加快、英国公投脱欧、中国经济企稳反弹和金融“去杠杆”等一系列国内外事件，从各个渠道冲击着商业银行的经营状况。再加上一直持续的经济结构性转型和后利率市场化的叠加冲击，商业银行在经营绩效方面开始表现出纵向和横向的分化。从上市银行2016年年报和2017年第一季度季报来看，在多重外部约束下银行业的战略开始进行调整，同时提早布局并一直坚守战略定力的银行，在复杂多变的经营环境中也逐渐获得了相应的回报。

一、宏观经济新趋势：经济持续回暖与货币政策拐点

2016年以来，在美国、欧元区和中国等主要经济体的带领下，全球经济仍然保持回暖趋势，但持续动力不足。与此同时，在量化宽松政策实施八年之后，各国央行开始推动货币政策回归正常化，国际货币环境迎来前所未有的变化。中国经济企稳回暖态势明显，但增长动力的结构性矛盾仍在，使得经济反弹的可持续性存疑，经济动态探底的压力仍然存在。这些都对商业银行的经营形成了巨大的影响。

（一）全球经济与货币政策

1. 全球经济维持复苏格局，但动力仍然不足

2016年以来，世界主要经济体仍然呈现弱复苏局势。2016年，美国GDP增速为1.6%，低于2015年水平，呈现出微弱复苏的态势，但是通胀率和失业率的改善较为明显。2016年9月以来，美国CPI保持在1.5%以上，并且持续走高。劳动力市场状况继续改

善，2016年月度失业率曾一度降至4.6%，为2007年8月以来最低。制造业与非制造业PMI始终保持在荣枯线以上，并且整体呈上升趋势，说明经济动能较好。

在宽松货币政策和德国经济的带动下，欧元区经济有所改善。欧元区全年GDP增速1.7%，自2008年国际金融危机以来首次超越美国，2017年第一季度的数值已经达到2.5%。2016年12月综合消费者物价指数（HICP）同比增长1.1%，创下2013年9月以来新高。劳动力市场缓慢改善，2016年12月失业率降至9.6%，为2009年5月以来最低。

2016年，日本经济的复苏态势依然疲乏，GDP增速由第一季度末的2.3%连续下降至第四季度末的1.0%，整体增长仍较为缓慢，但出现了较多积极的迹象。国际收支明显改善，经常贸易顺差为9年来新高。2017年第一季度，GDP增长虽然仍然疲弱，但产业投资增长回暖明显，多种先行指标显示日本仍然处于扩张回暖周期。

新兴经济体在经历了几年经济下行压力后，也呈现出了明显的企稳态势。2016年新兴11国GDP增长率为4.4%，远高于全球3.1%的平均水平，对世界经济增长的贡献率约为60%，仍是推动世界经济增长的重要力量。印度保持了较为高速的增长，巴西、俄罗斯等资源型国家在大宗商品回暖的周期性因素作用下，经济下滑和货币贬值势头得到抑制。

2. 各国货币政策依然分化，但退出宽松政策逐渐成为共识

2016年，虽然全球货币政策仍然保持分化格局，但在美联储的引领下，各国央行开始表现出回归正常化货币政策的意向。由于一直处于复苏回暖状态，通缩压力得到缓解，就业率呈现持续改善趋势，继续施行或加大货币宽松力度的经济环境逐渐改变。尤其是很多国家的经济扩张和利率保持低位的持续时间，已经达到或者接近历史纪录，货币继续宽松的边际效应日益微弱，资产泡沫和通胀压力显现，致使各国央行开始或者准备提高基准利率并制订缩减资产负债表的计划。

美联储已经步入了货币政策正常化的前列，尤其是2016年特朗普当选总统以来，加息的步伐更加坚定并呈现出加快的趋势。进入2017年后，美联储官员鹰派态度明显，在不断走低的失业率和不断升高的通胀及资产价格的压力下，开始讨论缩减资产负债表的计划，市场的一致性预期为2017年底美联储将启动缩表计划。

日本央行虽然仍在维持宽松的货币基调，但是已经提出要回归正常化货币政策的意向，毕竟资产购买计划和法定存款准备金负利率已经实施多年，在经济回暖和通缩压

力不断减缓等背景下，退出量化宽松和负利率政策、回归货币政策正常化的宏观条件正逐步满足。随着欧洲经济的复苏和通胀苗头的显现，欧洲央行也释放出了退出宽松政策的信号，央行资产购买计划已经从每月800亿欧元降为600亿欧元。中国央行也在发达经济体货币政策转向和国内经济增长回暖的大背景下，开始抬高货币市场利率并开启金融“去杠杆”进程。

主要经济体货币政策的转向，意味着全球流动性环境将发生深刻的变化，这将对全球金融市场以及银行业产生巨大的影响和冲击。

（二）国内经济与监管趋势

1. 中国经济在企稳中寻找新的动力

2016年，中国经济在L型下行态势中触底反弹，GDP同比增速6.7%，CPI为2.0%，2017年第一季度GDP增长率继续回升至6.9%，CPI保持平稳，经济呈现出多年以来的强势回暖局势。

在增长动力结构方面，由大宗商品回暖引发的中上游产业“崛起”成为主要动因之一。2016年，整体大宗商品价格创下2010年以来最好表现，黑色系价格的平均涨幅接近100%，铁矿石、螺纹钢、热卷期货涨幅分别达到74%、67%和75%。大宗商品市场的回暖助推了PPI的快速上涨，以及规模以上企业利润的迅速回升，2016年12月PPI为5.5%，涨幅创5年新高；全年PPI为-1.4%，较2015年大幅上升3.8个百分点。工业产品价格的大幅回暖，带来了企业效益的明显改善，规模以上工业企业利润增长8.5% ，扭转了2015年负增长的局势。企业利润的改善，增大了补库存和资本支出的力度，增加了经济增长的动能。

在需求端，消费增长保持平稳，基建和房地产投资的拉动作用明显。2016年，全年固定资产投资同比增速为8.1%，基建投资同比上涨17.4%，房地产投资同比上涨6.9%，较2015年有大幅提升。从经济回暖的增量和边际动力来看，基建和房地产投资成为重要的拉动力量。

与此同时，结构性动能的改善也在逐步显现。第三产业增加值占国内生产总值的比重上升为51.6%，比上年提高1.4个百分点。工业战略性新兴产业增加值增长10.5%，高技术制造业增加值增长10.8%，占规模以上工业增加值的比重为12.4%。网上商品零售额同比增长25.6%，占社会消费品零售总额的比重上升至12.6%。2016年，最终消费对经济增长的贡献率为64.6%，比2015年提高4.9个百分点，为新世纪以来最高水平，比资本形成总额高22.4个百分点，经济增长动力过于依赖投资的局面持续得到改善。

2. 货币政策由宽松转为稳健，金融监管全面趋严

为稳定金融市场、控制不断上涨的房地产价格、抑制金融机构过度的加杠杆行为，自2016年下半年以来，央行货币政策开始由宽松转为稳健中性。2017年7月召开的全国金融会议为当前的货币政策定下基调，即继续实施稳健的货币政策，保持货币信贷适度增长和流动性基本稳定，不断改善对实体经济的金融服务。

2017年是强监管年，一行三会密集发文加强对各自领域的风险清理整顿力度，银行理财、金融同业、互联网金融以及交叉金融风险是监管整治重中之重。习近平总书记在全国金融工作会议上明确的做好金融工作的四个原则中，第三个就是强化监管，提高防范化解金融风险能力，严监管与统筹监管趋势也将延续下去。

二、战略环境新变化：后利率市场化时代的危与机

在国内外宏观经济形势的大背景下，商业银行的战略环境也在持续发生着深刻的变化，尤其是利率市场化经过一段时间的发酵，对商业银行已经产生实实在在的冲击。我们认为，当前及未来一段时间，有以下八个环境变化对商业银行产生重要影响：

（一）经济企稳回暖减缓了信用风险压力，但不足以支撑银行进入新的资产扩张阶段

经济步入小型回暖周期，银行的信用风险得到有效缓解。数据显示，自2016年下半年以来，商业银行的不良率快速上升的势头就得到有效缓解，2016年四个季度的不良率分别为1.75%、1.75%、1.76%、1.74%，2017年第一季度的不良率保持在1.74%。尤其是关注类贷款占比大幅下降，从2016年底的3.87%，降为2017年第一季度的3.77%，说明不良率潜在上升压力明显下降。不良率上升势头的缓解，与宏观经济阶段性企稳回暖有很大关系，表现在钢铁、化工等重型制造业的企业效益自2016年以来改善明显。关注类贷款大幅减少，数据显示2016年第四季度较第三季度关注类贷款余额下降1246亿元。另外，商业银行也利用经济回暖过程中新增的利润加快核销不良资产，也对不良率起到较

大的抑制作用。

但是，我们认为这次经济回暖周期，并不足以支撑商业银行进一步加快资产扩张步伐。首先，经济回暖的持续时间值得商榷，如果大宗商品价格上涨、基建和房地产投资是本次回暖周期主导力量，那么下半年经济可能重新步入疲弱状态，无法持续形成足够规模的信贷需求。其次，外生的宏观审慎管理和同业业务监管，已经限制了银行快速做大资产负债的冲动。再次，一般性存款的内生创造能力减弱，资产扩张缺乏流动性支撑。最后，在不良率的侵蚀下，银行风险偏好逐步降低，自身也轻易不敢贸然扩表。

（二）广义货币环境进入增速为个位数的“新常态”，核心负债成为银行核心竞争力的价值源泉

2017年5月，广义货币（M_2）同比增速首次跌破两位数，商业银行进入一个新的货币环境。如同经济进入增速放缓的经济新常态，并由此引发了一系列宏观环境变量的变化，广义货币增速跌破两位数，标志着金融生态正告别货币供应充沛的“雨季”，进入“雨水”逐渐减少的季节。这种气候的大幅变化，会对商业银行的经营管理带来巨大的影响，那些依附于充沛流动性甚至过剩流动性环境中的盈利模式或资产负债表，将因为货币的“旱情”而被迫改变。首先，广义货币或者一般性存款成为更加稀缺的资源，在经历了一年多的所谓的“资产荒”以后，商业银行重新回归到“存款立行”的初心，负债端重新成为银行竞争的重中之重。其次，核心负债成为体现银行盈利能力和竞争力的价值源泉，核心负债的非价格敏感性和稳定性，在货币增速减缓、货币价格攀升的背景下，成为重要的盈利来源。最后，在后利率市场化时代，存款的竞争已经从营销能力转变为产品的定价能力，最终体现在利差的保持能力上。总的来说，在增速快速趋缓的货币新常态里，负债端的竞争力成为衡量银行卓越程度的重要标志，尤其是核心负债的占有和获取能力，成为商业银行继续做大资产的基本支撑。

（三）金融“去杠杆”和影子银行治理仍将持续，商业银行需要继续加快调整广义资产负债结构

金融“去杠杆”的进程近期虽然有所缓和，但短期内不会结束。金融“去杠杆”有两条主线，一是价格主线，央行通过抬升各公开市场操作工具的利率中枢，提高商

业银行扩大杠杆的成本。事实上，自2016年下半年以来，在央行的主导下，整个货币市场的利率中枢步入一个上行通道，导致曾经大幅错配期限结构的资产负债表出现破损和恶化，商业银行扩大金融杠杆的成本和风险不断上升。二是数量主线，央行通过设置宏观审慎管理（MPA）框架，设定了细化的监管指标，尤其是设定了将表外理财纳入的广义信贷以及逆周期调节资本，明确地限制了金融杠杆的扩张；甚至有些银行因为要满足MPA要求必须实施相应的缩表。与此同时，在现场监管层面，影子银行的治理也会持续，穿透式监管将层层嵌套的交易结构"打回原形"，商业银行的表外、表表外杠杆扩张，也受到了前所未有的抑制。在此强监管环境下，商业银行不仅面临着压缩资产负债表的压力，更重要的是加速调整广义资产负债结构，一方面需要满足强监管要求，另一方面在货币和信贷资源日益稀缺的情况下，减少资产负债错配和期限结构错配，大力提升甄别和获取收益率高的优质资产的能力，确立能够有效平衡流动性、安全性和收益性的广义资产负债结构。

（四）金融科技进入加速应用阶段，助推银行真正建立以客户为中心的效率型、场景化、人性化的运营和服务体系

金融科技的广泛应用，发生最大的变化是正在改变银行的传统作业模式，逐步帮助商业银行建立起直面客户的效率型、场景化、人性化的运营服务体系。一方面，网上银行、手机银行、自助终端等传统的电子银行业务在不断升级，更加注重效率、客户体验、线上线下场景连接，形成了科技含量更高的渠道和服务端口，传统物理网点面临着巨大的转型升级压力。另一方面，大数据、区块链、人工智能、云计算等金融科技不断应用到客户分析、票据交易、投资顾问、资产托管等业务领域，同时也应用到资产负债和全面风险等管理领域，助推银行建立起强大的数字化支撑保障和业务运营体系。这些金融科技的应用和升级，将逐渐帮助银行真正围绕客户建立价值创造体系，通过提升服务效率、优化场景体验、创造人性化产品等，实现各项业务的全面升级。

（五）传统银行业面临新的进入者威胁，全方位竞争格局和新型业态结构加快形成

产业理论认为，一个产业的技术和组织结构如果发生变化，那么竞争结构也将随之

而变，原有技术和模式不能满足的需求缺口，将吸引新的进入者参与进来，形成新的竞争格局。在中国经济转型升级、金融科技日新月异、金融市场持续深化的大背景下，客户金融需求的不断升级与传统商业银行转型创新速度滞后之间的缺口，吸引了互联网金融机构、以金融科技为后发优势的民营银行、大型企业集团的财务公司和金控公司等的广泛介入，银行业的竞争格局面临着深刻的重构。一方面，随着客户自身的成长，对金融需求解决方案的要求越来越高，零售客户要求越来越高的场景体验和便捷效率，公司客户需要越来越专业的财务金融解决方案，前者为科技含量高、流量接口能力强的新兴金融机构提供了机会，后者催生了熟悉行业和市场的集团财务公司的诞生。另一方面，以规模优势和稳健经营为组织特征的传统商业银行，在推行互联网金融战略和加快金融科技应用的过程中，遇到了文化冲突和组织架构不兼容的问题；同时互联网平台和金融科技公司，也面临着综合金融专业能力不足和货币信贷资源有限的问题，这样就促使商业银行与互联网平台优势互补、展开战略合作；同时商业银行也需加快与非银金融机构的合作，提供连接贷、股、债多重结构的综合服务方案，做大型集团客户的“内部银行”或虚拟财务公司。这样，银行业的竞争业态较以往更加多元、竞合关系更加复杂，这也是任何一个产业在技术和组织环境发生重大变化时，基本都应表现出的形态。

（六）国家战略的深入推进以及经济内生的周期性和结构性修复，为战略性资产的再配置创造想象空间

商业银行的战略定位，需要明确客户的选择和各类资产的配置。而客户的选择，必须置于整个宏观经济发展的大背景下，面向经济周期的变化和产业兴衰的轮动。可以说，在周期和行业的选择上，能占有优质的（风险收益在某个理想区间内匹配）、能够持续创造价值的战略性资产，对一个银行的生存发展至关重要。尤其是随着经济增长趋缓，资产荒成为商业银行的重要困扰，可配置的优质资产也显得越来越稀缺。而且利率市场化下，在负债端资金越来越敏感的条件下，资产端的价格优势成为保持利差和盈利的重点。通过竞争性的价格优势来获取主动负债的能力也越来越重要，而主动负债的价格优势必须要以资产来支撑。面向未来，商业银行战略性资产的配置，必须与宏观经济的周期运行特征与国家战略的实施保持一致。当前来看，商业银行的资产配置需要关注三条主线：一是持续推进的国家战略，包括“一带一路”、国企改革、京津冀协同等，这些战略会产生大量的项目和并购融资，尤其是2017年、2018年是“十三五”规划的重要落实之年，投资产业链的拓展肯定会产生较大的金融需求。二是关注传统产业的改造升级，传统产能过剩行业的债务重组，高耗能、高污染产业的技术改造等，需要以投资银行为主的金融服务。三是关注新兴产业的培育和崛起，智能制造、工业互联网和物联网、共享经济、智能医疗、新能源、环保产业等，将为中国经济带来新的发展动力，这些是商业银行面向新周期的战略性配置。

（七）利率市场化开始对银行产生实质性冲击，专业化管理能力考验银行的生存发展前景

从国外的经验来看，利率市场化对商业银行产生实质影响，都要经历3~5年的时滞。而且，如果利率市场化伴随着利率下行，往往反而会扩大银行的利差，这可能主要是因为在期限错配程度提高的情况下，银行都形成了负债敏感型结构。但是一旦利率上行，利率市场化对银行利差的收窄效应将加速显现。从上市银行的年报数据来看，2016年各银行的利差收窄速度非常快，而且在2017年第一季度也呈现加速之势。在利率市场化的影响加速发酵的情况下，银行的专业化管理能力已经逐步上升为核心竞争力。这些专业化管理，主要包括三大项：一是资产负债管理的能力，直接关系到利率风险和流动性风险带来的损益问题，专业能力强的银行会通过判断利率的走势调整资产负债结构，节约利率风险和流动性成本，甚至可以通过对冲交易获利；二是风险管理能力，主要体现在行业研究能力和大数据分析能力；三是成本管理能力，对应着实际上就是管理效率的问题，这需要在流程再造、网点规划、人力资源、科技投入等方面建立高效的成本—收入分析架构，建立效率导向型的组织体系。总的来说，利率市场化由于给银行带来了更加自由的竞争环境，银行产品的竞争将成为核心的焦点，而产品的背后则是专业化管理体系的支撑，这与过去利差管制时代，银行以营销和关系管理为主是不同的逻辑。

（八）在产业和区域增长结构不断分化的大背景下，行业配置和经营区域单一的银行将面临前所未有的压力

中国经济增长趋缓和转型升级过程中，将出现越来越明显的结构分化。一是在产业和行业层面，在投资驱动型经济增长的模式向消费驱动型模式转变过程中，势必导致钢

铁、化工、能源等行业的产能出现过剩问题，这投射到商业银行的经营层面就是不良率的上升和资产质量的下降。如果银行的信贷配置集中在这些行业上，没有抗周期性行业和新兴行业作为补充，那么资产质量的压力将非常大。二是在空间和区域方面，与行业的情况相对应，那些经营范围局限于以产能过剩行业为主的地区的银行，由于不能通过跨区域的空间扩展分散行业和客户的风险，其资产质量压力也会异常得大。因此，在当前复杂多变的经营环境里，行业和客户结构单一的银行，应对外部变化冲击的弹性将十分有限。

三、战略管理新动向

银行从过去动辄20%的规模与利润增长速度，到行业利润增速进入“个位数”时代，倒逼银行业开始差异化、低成本的战略转型。从上市银行2016年年报和2017年第一季度季报来看，商业银行主要转型发展战略聚焦于以下几个方面：零售、小微、金融科技、同业和集约式轻型化发展。

（一）零售银行战略成果初步显现

2016年，在消费升级、企业信贷需求疲弱的背景下，各上市银行都在发力零售业务，以谋取零售战略的转型。2016年，37家上市银行个人贷款余额为26.05万亿元，同比增长25.66%，约为全部贷款同比增速的2倍；个人贷款占全部贷款的比重为34.68%，占比较2015年提高3.56个百分点，同期公司贷款占贷款余额的占比则由2015年的64.55%下滑到2016年的60.62%，零售业务对上市银行的贡献度在不断提升。

究其原因，一方面是个人贷款余额的快速增长与2016年房地产市场的火爆导致个人住房按揭贷款快速增长，2016年个人住房贷款占个人贷款的比重达到66.21%，占比较2015年提升4.77个百分点。另一方面，也要看到零售贷款的快速增长与上市银行争先谋取战略转型有较大关系。招商银行立足零售业务体系化的优势，把“一体两翼”确立为“二次转型”的战略定位，零售金融作为“一体”的战略支点作用不断凸显，并率先完成零售业务转型，零售利润贡献占比超过一半。2016年零售税前利润同比增长 23.80%，占业务条线税前利润的比重为 53.62%，2017年第一季度零售金融业务价值贡献持续提升，零售金融业务营业收入 276.88 亿元，同比增长 1.61%；民生银行在零售业务取得较显著成果，战略上坚持以收入提升为导向，以客群经营为核心，2016年实现零售业务净收入496.19亿元，同比增长8.86%，在营业收入中的占比为31.97%，同比提升2.45个百分点。表2-1列示了24家上市银行的主要零售战略布局。

表2-1　2016年24家上市银行主要零售战略布局

银行	年报中主要举措或效果
工商银行	推进“大零售”战略，探索互联网、大数据、人工智能等新技术与银行传统行业融合，推动营销模式转型、客户服务和产品创新
农业银行	实施网点分类分级管理，加快网点标准化转型；推进客户分层服务，完善财富管理体系；强化公私部门联动营销，精心组织“春天行动”等零售业务综合营销活动。推出个人客户营销管理系统，初步建立精准化和全渠道协同的营销体系
中国银行	围绕“担当社会责任，做最好的银行”战略目标，致力打造中国内地最好零售银行。2016年，加快布局惠民金融、财富金融、消费金融、跨境金融业务
建设银行	抓住传统消费升级和新型消费崛起机遇，着力构建个人金融生态圈，扩大快贷、信用卡循环贷、分期消费贷等产品影响力
交通银行	坚持“以客户为中心”，大力拓展零售储蓄存款、银行卡和个人资产业务，加快财富管理银行建设进程，不断夯实零售客户基础、提升服务品牌影响力，全面个人金融业务转型发展
中信银行	以建设“客户最佳体验银行”为目标，推进零售银行二次转型，重点推动个人信贷、管理资产、收单业务等三大业务，强化客户经营，提升网点产能，加强零售队伍建设
光大银行	零售金融方面，推出私人银行“家族办公室”业务，提供一站式私行客户综合需求解决方案
华夏银行	大力提升新一代手机银行以及智慧社区、有车一族金融服务生态圈建设，加快金融服务与场景服务融合，整合线上线下服务渠道，以“第二银行建设”提升个人业务发展能力
民生银行	做大零售业务，积极推进业务转型。坚持以收入提升为导向，着力打造客群经营体系、财富管理体系
招商银行	坚持“一体两翼”的战略定位，聚焦基础客群和核心客群建设，构建基础产品和专业产品两大产品体系，形成优势显著的零售业务和特色鲜明的公司业务
兴业银行	把零售作为“四轮驱动”战略重要组成，加大零售业务品牌建设和管理
平安银行	打造以“SAT（社交媒体+客户端应用程序+远程服务团队）+智能主账户”为核心的智能化、移动化、专业化的零售银行服务；实施公私联动，为零售业务发展提供配套支持
浦发银行	通过推进“spdb+”互联网金融服务平台、网点转型试点、社区银行经营能力提升和远程智慧客服，推动线下网点与线上渠道的融合，零售业务的渠道更加多元便捷
浙商银行	大零售个人业务板块围绕打造“个人财务管家银行”，突出“互联网+”创新，不断强化个人银行业务体系，发力个人贷款和私人银行业务
邮储银行	坚持服务社区、服务中小企业、服务“三农”市场定位，坚持大型零售银行的最重要的战略定位，金融服务半径广、服务内容包容性强，对互联网技术促进普惠金融发展方面进行有益探索

续表

银行	年报中主要举措或效果
北京银行	持续深化零售业务“一体两翼”战略，推进线上、线下渠道智能融合，打造“智慧金融”“财富金融”“惠民金融”特色品牌，促进业务发展提质增效
江苏银行	上线公积金网络消费贷款“金 e 融”，“金 e 融”通过互联网渠道受理，利用有效的身份识别方式在线对借款人进行身份识别后，基于公积金信息、征信信息等大数据应用场景以及智能决策技术完成授信审批等
杭州银行	加大对零售业务的投入，围绕“一手抓财富管理，一手抓消费信贷，促进零售核心客户增长”的发展思路，为公司实施大零售模块战略转型夯实基础
上海银行	坚持以客户需求为导向，以获客和销售为主线，以消费金融、财富管理、养老金融为重点，不断开拓业务新品，完善服务体系
宁波银行	个人业务上始终坚持以“特色化、本土化”的经营理念为引领，以客户经营为中心，持续深耕储蓄存款、财富管理、消费信贷等核心业务，积极探索直销银行等新兴领域
徽商银行	零售领域通过加大市场拓展力度，创新金融产品和服务，加快渠道和队伍建设，积极搭建财富管理体系，实施普惠金融体系建设，推进网点产能提升
青岛银行	零售条线向客户最佳体验提供商转型，加快“接口银行”战略实施，发力移动金融业务，大力发展住房贷款为核心的消费金融
重庆银行	加速推进以客户为中心模式转变、提升专业化能力，以零售、小微和资管业务为战略增长点；将互联网技术全面渗透于零售、小微等传统业务和消费金融等新兴业务上
贵阳银行	制定实施大零售金融方案；积极推进产品创新，研发上线“爽得利”“爽得福”“爽得赢”等特色产品

（二）小微金融战略面临巨大调整

国有大中型企业由于本身信用风险小，可用于抵质押的资产充足等原因受到银行青睐，但企业在资本市场直接融资方式多样，议价能力高，银行可获得的息差较小；地方政府融资方式发生转变，银行以往通过向平台公司提供信贷支持参与基础设施建设的方式，更多被地方债、PPP、产业基金、租赁等新型融资方式替代。此外，我国出台金融服务小微企业优惠政策，引导银行业资金流向小微企业。在传统信贷客户收缩与基数庞大的小微受优惠政策扶持下，银行发展小微企业金融，扩大客户群范围，提高盈利能力，在当前变得尤为重要。

小微金融战略需要根据新的形势加快调整。民生银行是最早提出小微企业战略的股份制银行，强调客群交叉销售，深化小微金融发展模式的转型提升。2016年，小微企业贷款累计投放额达3350.74 亿元，占其发放个人贷款和垫款总额的37.19%（见表2–2）。

小微企业具有周期敏感属性，实体经济下行环境下，民生银行调整了零售业务结构比例，对小微企业贷款的总额和比例连续两年下降。同时，改善小微贷款担保结构，增加小微贷款中抵（质）押贷款占比，2016年达61.93%，比上年末上升11.55个百分点。

表2-2　2016年民生银行个人贷款和垫款的结构分布

单位：百万元，%

项目	2016 年 12 月 31 日		2015 年 12 月 31 日		2014 年 12 月 31 日	
	金额	占比	金额	占比	金额	占比
小微企业贷款	335074	37.19	378177	51.95	410139	62.65
住房贷款	295875	32.84	114328	15.70	69606	10.63
信用卡透支	207372	23.02	170910	23.48	147678	22.56
其他	62601	6.95	64613	8.87	27258	4.16
合计	900922	100.00	728028	100.00	654681	100.00

银行小微金融业务发展放缓，做好风控管理是当前重点。小微企业特点是对外部环境敏感，尤其是受经济周期波动影响大，在经历了几年的高歌猛进之后，多家银行的小微金融业务开始出现较大力度调整，逐步放慢甚至收缩小微贷款业务。为满足小微企业无报表、无抵押的融资需求，银行需要创新商业模式，通过优化业务流程，从营销端、审批端和资产管理端控制风险。多家银行开始在小微领域积极探索，利用互联网、移动互联、大数据等技术实现全线上流程。平安银行在2017年4月上线的KYB（中小企业数据征信）项目银行系统，以大数据征信平台为核心，以大数据技术和移动互联平台为承载，实时触达用户，实现互联网进件+大数据风控+自动化审批+提还款全部线上化。浦发银行构建的浦银快贷平台，推出了“和利贷”“经销贷”两大系列小微在线供应链融资产品，也实现了“全流程在线、全自动审批、全数据化管理”的互联网小微金融新模式，高效、便捷地解决供应链小微客户的融资难题。

（三）各行加快落实金融科技战略

梳理上市银行年报发现，37家上市银行中有24家银行在2016年年报中提到了该行在金融科技方面采取的主要举措（见表2-3）。如工商银行为了应对金融科技创新的挑战，先后创建了互联网金融、大数据与人工智能、云计算、区块链与生物识别等“七大创新实验室”，构建了更为开放灵活、功能更为强大的技术系统。同时，该行还积极整合科技创新资源，投入近千个应用创新项目，继续从产品、场景、渠道等多维度继续推动e-ICBC互联网金融发展战略，2016年“融e行”开放式网络银行平台客户达到2.53亿户，“融e购”电商平台年交易额达1.27万亿元，“融e联”即时通讯平台客户达6649万户，是年初的12.4倍，网络融资新增1057亿元，规模达到6293亿元，成为国内最大的网络融资银行。招商银行在2016年12月推出的“智能投顾——摩羯智投”，在社会上引起极大关注。“摩羯智投”是一款针对普通个人投资者的智能理财技术，它可以根据用户风险承受度、投资期限以及投资偏好等条件，为客户自动筛选匹配一揽子公募基金，分散投资风险，避免情绪化操作。此外，民生银行推出的智能业务机器人小“ONE”，除了能和客户寒暄，引导客户、业务咨询之外，还可以办理40余种业务类型，如开户办卡、产品销售等。金融科技对银行业冲击愈发显现，未来可能深刻改变银行业。

金融科技对银行业的冲击毋庸置疑，尤其是大数据、云计算、区块链、人工智能等技术的兴起，已经并将继续对银行业的产品服务、商业模式、经营理念带来深刻变革。直销银行和虚拟网点，配合AR技术的面对面、场景化应用降低银行对有形网点的需求；计算和大数据分析、基于机器学习的信用风险量化模型有助于解决小额高频的普惠信贷风控难题；人工智能的技术兴起，打造智能投顾业务模式，让银行提供高效低价的财富管理服务成为可能。2017年，上市银行将在进一步深化互联网金融布局的基础上，探索收购、投资、战略合作等多种形式布局大数据、云技术、区块链和人工智能等新金融科技，打造全新的核心竞争力。表2–3列示了2016年24家上市银行科技投入的主要举措。

表2–3　2016年24家上市银行科技投入的主要举措

银行	年报中主要举措或效果
工商银行	创建了互联网金融、大数据与人工智能、云计算、区块链与生物识别等“七大创新实验室”，全面推进企业级数据应用体系建设
农业银行	完成互联网金融服务、电子商务和社交生活三大平台建设，完成大数据平台数据入库，加快公司、个人、监管、运营数据集市建设，建设经营管理信息平台和全行统一指标库
中国银行	强化科技引领作用，持续推进移动金融、智能柜台、网络金融业务发展，推动业务与科技深度融合。试点投产智能柜台，实现柜台流程重塑再造
建设银行	构建了安全可靠、灵活扩展、支持业务功能快速部署的金融云平台，开发了一套覆盖总分行、境内外、母子公司、多维度、高水平的企业级信息系统

续表

银行	年报中主要举措或效果
交通银行	成立互联网中心，探索适合自身特点的互联网金融创新
中信银行	积极推动互联网金融领域科技创新，围绕腾讯、百度、阿里、京东、大众点评等5大核心合作伙伴，打造“5+N”网络产品体系
光大银行	持续推进云计算、大数据、区块链等新技术应用，开展大数据应用开发平台建设，孵化基于区块链技术的慈善捐款平台；推出人脸识别、医保移动支付平台、员工掌上通等多个创新项目
华夏银行	引进大数据、生物识别等技术，大力发展线上新渠道和网络金融新业务，打造多媒体一体化客服中心，优化智能语音与视频服务等
民生银行	以网络发卡、微信银行、移动客户端应用软件、智能客服机器人为突破口，积极布局“互联网+”。积极构建“金融+科技+生活”互联网金融生态圈
招商银行	设立专门投资基金，孵化金融科技项目。加快推进金融科技（Fintech）战略，充分利用移动互联、云计算、大数据、人工智能、生物识别等技术提高服务能力，推动本公司向网络化、数据化、智能化的未来银行转变
兴业银行	推动信息科技的角色从支持保障向引领业务发展和促进转型创新转变，推动集团私有云和行业金融云建设，积极探索大数据、人工智能、区块链等新技术在金融领域的应用，大力为“未来银行”做准备
平安银行	以成为客户的“金融管家”和“生活助手”为目标加快线上平台建设，以科技逐步助推智能银行体验
浦发银行	全面推进“spdb+”互联网平台建设，创新“刷脸登录”“财智机器人”等数字化金融服务新模式
浙商银行	探索金融科技运用，为小微企业提供方便快捷的金融服务。利用大数据分析技术，扩大获客来源
邮储银行	积极开展科技自主创新，成功推进互联网金融云平台、零售信贷工厂等94项重点工程，内存块链技术应用取得突破性进展
北京银行	通过智慧化升级，持续提升科技引领水平，打造创新驱动的未来银行。探索建立科技人员业务嵌入机制，推进科技研发和业务发展的深度融合
江苏银行	持续加强科技研发，增强科技支撑能力，逐步向科技引领转变。着力完善互联网金融、支付业务等子架构。深耕大数据应用，持续推进“智多星”“筋斗云”等关键平台建设
杭州银行	发展直销银行等数字平台，发展社区平台，打造一体化社区金融生活圈，推动支付平台发展，切入互联网线上线下支付领域；数字化改造传统业务，通过业务线上化与渠道整合推动获客与营销
上海银行	积极拥抱金融科技创新，建设智慧金融，强化科技建设，加强数据管理，深化大数据技术运用
宁波银行	公司持续创新电子银行渠道建设，丰富金融服务和产品，加速向“轻型银行”转变。深化大数据分析与挖掘，持续推进企业客户信息工厂（ECIF）、风险缓释、资金头寸、微信平台、厅堂助手等项目建设
徽商银行	紧随科技进步，大力推广新型服务终端和便捷工具的创新运用，全面优化网上银行、手机银行、微信银行等各类服务
青岛银行	“接口银行”特色化，持续打造升级版。从系统、科技接口向平台接口拓展，深化资源整合，围绕客户推动交叉销售和综合金融服务

续表

银行	年报中主要举措或效果
重庆银行	紧随互联网金融发展的浪潮，利用大数据技术、移动互联技术等，大力发展在线金融业务
贵阳银行	积极探索移动互联网金融新兴信息技术应用研究，着力推进互联网金融产品创新；不断完善数据治理体系，持续提升数据质量，构建数据共享机制

（四）同业战略需要全面适应监管趋势

在强监管下，上市银行同业业务发展趋缓。从上市银行2016年年度报告和2017年第一季度季报可以看出，股份制银行和城市商业银行的同业资产配置、同业负债来源占比最高，国有大行其次，农村商业银行对同业业务依赖性最弱。在金融“去杠杆”、同业监管加强背景下，城市商业银行在同业资产配置和同业负债收缩趋势最为明显。同业资产配置端，城市商业银行从2015年末的10.76%降至2017年第一季度的9.22%；同业负债端，城市商业银行从2015年末的20.75%，2016年的18.62%，降至2017年第一季度的15.91%。农村商业银行由于同业业务占比不高，此次资产和负债端调整幅度不大（见表2-4）。

表2-4　2016年至2017年第一季度25家上市银行同业资产配置、负债占比

单位：%

银行	大型银行同业资产占比			大型银行同业负债占比		
	2015年	2016年	2017Q1	2015年	2016年	2017Q1
工商银行	7.58	6.43	6.24	12.75	11.76	11.13
农业银行	9.41	7.80	7.41	9.81	9.12	7.04
中国银行	5.99	6.48	6.27	14.31	10.34	9.64
建设银行	5.31	4.09	4.46	12.00	10.97	9.47
交通银行	8.54	8.52	7.97	22.76	23.00	21.88
平均	7.37	6.66	6.47	14.33	13.04	11.83
	全国性股份制银行同业资产占比			全国性股份制银行同业负债占比		
	2015年	2016年	2017Q1	2015年	2016年	2017Q1
平安银行	12.08	9.25	8.08	14.25	16.86	16.88
浦发银行	7.13	6.08	3.90	26.70	27.91	25.66
华夏银行	16.12	11.53	8.20	21.81	18.38	17.15
民生银行	19.94	7.83	6.28	24.70	27.44	27.05

续表

银行	全国性股份制银行同业资产占比			全国性股份制银行同业负债占比		
	2015年	2016年	2017Q1	2015年	2016年	2017Q1
招商银行	10.84	9.79	5.84	21.04	17.47	15.03
兴业银行	6.13	1.66	2.59	38.49	35.22	32.53
光大银行	11.73	10.60	9.13	22.43	25.66	18.57
中信银行	6.60	9.22	5.63	24.76	21.37	21.93
平均	11.32	8.25	6.21	24.27	23.79	21.85
	城市商业银行同业资产占比			城市商业银行同业负债占比		
	2015年	2016年	2017Q1	2015年	2016年	2017Q1
北京银行	26.76	17.29	13.48	27.47	21.90	19.00
南京银行	5.04	9.90	11.72	17.55	11.99	6.44
宁波银行	3.71	4.91	4.29	20.16	17.00	14.94
贵阳银行	4.34	3.64	2.21	4.78	9.47	10.32
江苏银行	10.53	6.02	12.28	29.54	26.84	20.47
上海银行	11.69	7.69	8.58	30.16	25.79	23.58
杭州银行	13.26	7.83	11.96	15.58	17.37	16.60
平均	10.76	8.18	9.22	20.75	18.62	15.91
	农村商业银行同业资产占比			农村商业银行同业负债占比		
	2015年	2016年	2017Q1	2015年	2016年	2017Q1
常熟银行	3.93	5.14	4.06	11.33	16.13	10.96
吴江银行	6.43	7.47	7.37	8.63	8.56	8.30
无锡银行	11.51	5.17	7.16	11.09	7.61	8.37
江阴银行	1.35	2.02	2.30	14.09	14.95	14.91
张家港行	5.58	4.49	2.45	19.19	16.65	16.40
平均	5.76	4.86	4.67	12.87	12.78	11.79

2017年是强监管、强问责年，监管部门把防控系统性金融风险放到更加重要的位置，同业战略正在去伪存真，回归本原。银行金融同业脱实向虚、规避监管等问题已经受到监管部门的关注。从2014年五部委联合印发的《关于规范金融机构同业业务的通知》，到2017年第一季度以来银监会下发的8份监管文件中（见表2–5），均对同业业务有相应的要求和约束，按照去杠杆、去通道、防风险监管思路，厘定了同业监管套利、空转套利、关联套利等行为。在第五次全国金融工作会议后，银监会提出的六点落实会

议中对银行同业业务发展定下基调，明确“有计划、分步骤，深入整治乱搞同业、乱加杠杆、乱做表外业务等市场乱象”。预期2017年银行同业在资产配置和负债来源上都会出现明显收缩。

表2-5　银监会2017年1~4月发布文件汇总

日期	名称	文件号
2017年4月12日	《关于切实弥补监管短板提升监管效能的通知》	银监发〔2017〕7号
2017年4月10日	《关于银行业风险防控工作的指导意见》	银监发〔2017〕6号
2017年4月7日	《关于集中开展银行业市场乱象整治工作的通知》	银监发〔2017〕5号
2017年4月7日	《关于提升银行业服务实体经济质效的指导意见》	银监发〔2017〕4号
2017年4月6日	《关于开展银行业“不当创新、不当交易、不当激励、不当收费”专项治理工作的通知》	银监办发〔2017〕53号
2017年3月29日	《关于开展银行业“监管套利、空转套利、关联套利”专项治理工作的通知》	银监办发〔2017〕46号
2017年3月28日	《关于开展银行业“违法、违规、违章”行为专项治理工作的通知》	银监办发〔2017〕45号
2017年3月23日	《关于开展商业银行“两会一层”风控责任落实情况专项检查的通知》	银监办发〔2017〕43号

（五）集约化、精细化战略加快落实

利率市场化已将中国银行业带入一个全新的时期，过往银行赖以成长的净利息收入也随着息差收窄，各行净利息收入增幅放缓甚至开始出现负增长，凭借“高资本消耗”“重资产运行”“拼规模运营”的传统经营模式已经难以为继，直接表现为各行的ROA、ROE等指标出现不同程度下降。商业银行走集约化的“轻资本”“轻资产”“轻成本”之路是在新形势下摆脱困境，实现健康可持续发展的重要战略选择。

招商银行、浦发银行、中信银行等银行率先谋划集约式轻型银行转型。招商银行打造轻型银行从轻资本、轻资产、轻负债和轻运营四个维度布局。轻资本：实现资本内生增长，改善资本效率，力争以更低的资本消耗换取更高的利润增长；轻资产：优化信贷资产的行业布局和客户结构，提高资本使用效率，提高资产流转率；轻负债：大力发展支付结算、托管、交易银行业务，获取更多活期资金沉淀，提供低成本资金；轻运营：

建设数字化渠道，利用人工智能、智能设备等前沿科技，提高经营效率，追求运营精益化，杜绝人员、流程和系统浪费，降低成本收入比。中信银行轻型银行战略着力于走“轻资产、轻资本、轻成本”发展道路，调整机构优化，提升综合融资服务能力，提升非利息营收占比。

从营业收入和净利润的增速对比可大致看出各行当前集约式轻型化发展成果，笔者认为在净利润增速超过营业收入的增长即代表运营效率高、费用控制较好，属于集约式轻型化发展。从2017年第一季度季报上看，各行营业收入和净利润开始出现明显分化，兴业银行、民生银行、中信银行和招商银行都出现营业收入负增长，但净利润仍为正增长，体现较好的成本控制与集约化（见图2–1）。

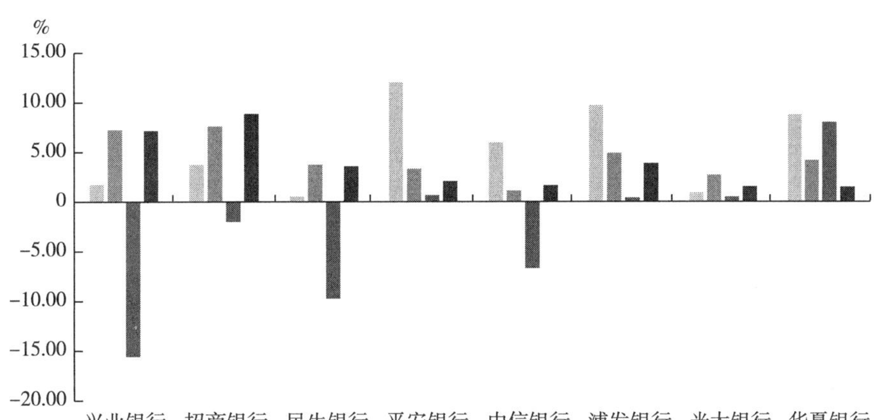

图2–1　2016年8家股份制上市银行营业收入与净利润增速对比

随着宏观审慎评估体系硬化资本约束以及利率市场化下的息差收窄，上市银行优化营业收入结构，重构资产负债表，向内涵集约式的轻型化发展模式加速转变。2016年上市银行在转型发展方面进行了积极探索和有益尝试并取得了初步效果，预计2017年轻型发展仍是银行战略转型的重点。

执笔：赵建、潘天仪

第三章　2016年大中型上市银行[①]资产负债配置分析及趋势展望

2016年，13家大中型上市银行不良贷款率攀升，拨备覆盖率下降；3个月以上逾期贷款增速下降，不良贷款压力减小；流动性缺口不断上升；短期资产流动性比率分化明显；ROA、ROE收窄。

2016年，13家大中型上市银行资产规模平稳扩张，资产配置趋于多元化；公司贷款占比下降，行业分布持续优化；个人贷款规模快速增长，个人住房按揭贷款成为增长亮点；金融资产投资趋于多元，债券增配；表外资产稳步扩张。

2016年，13家大中型上市银行负债方面融资多样化趋势加强，同业负债占比提升；客户存款活期化趋势加强；债务融资渠道丰富，同业存单发行量大幅增加；卖出回购款项分化突出。

从发展趋势看，2017年大中型上市银行个人贷款增速仍将扩大，住房按揭贷款或将收缩；债券投资力度仍将加大；非标回表压力将上升；负债来源回归存款，但存款业务压力进一步加大；同业存单发行规模及增速或将有所收缩。

一、2016年上市银行资产负债配置表现

商业银行资产负债配置，主要目标是实现安全性、流动性以及效益性的三性平衡。

---

① 大中型上市银行规模相对较大，其资产负债发展趋势在整个银行业中具有较大影响力与代表性，因此本报告选取A股上市的5家大型银行（工商银行、建设银行、农业银行、中国银行、交通银行）及8家全国性股份制商业银行（招商银行、中信银行、兴业银行、浦发银行、民生银行、光大银行、华夏银行、平安银行）作为样本，进行分析。

（一）安全性

1. 不良贷款率攀升，拨备覆盖率下降

从不良贷款余额的角度来看，各家银行仍在上升。大型商业银行的平均不良贷款余额由2015年的1490.94亿元上升至2016年的1659.46亿元，股份制商业银行平均由2015年的313.34亿元上升至2016年的417.33亿元。各家银行的不良贷款率也呈现不同程度上涨，其中大型商业银行平均由2015年的1.68%上升至2016年的1.7%，股份制商业银行则由2015年的1.54%上升至2016年的1.73%，股份制商业银行上升幅度更为明显。从个别银行来看，不良贷款率最高的农业银行在2016年达到了2.37%的较高水平（见表3-1）。

表3-1　2015—2016年13家上市银行不良贷款情况

单位：亿元，%

银行	不良贷款余额		不良贷款率	
	2015年	2016年	2015年	2016年
工商银行	1795.18	2118.01	1.50	1.62
农业银行	2128.67	2308.34	2.39	2.37
中国银行	1308.97	1460.03	1.43	1.46
建设银行	1659.80	1786.90	1.58	1.52
交通银行	562.06	624.00	1.51	1.52
五大行均值	1490.94	1659.46	1.68	1.70
华夏银行	162.97	203.48	1.52	1.67
招商银行	474.10	611.21	1.68	1.87
浦发银行	350.54	521.78	1.56	1.89
兴业银行	259.83	344.16	1.46	1.65
中信银行	360.50	485.80	1.43	1.69
民生银行	328.21	414.35	1.60	1.68
光大银行	243.75	287.02	1.61	1.60
平安银行	176.45	257.02	1.45	1.74
股份行均值	313.34	417.33	1.54	1.73

数据来源：Wind资讯。

从拨备覆盖率的角度来看，13家上市银行总体下降。大型商业银行拨备覆盖率由2015年的161.13% 下降至2016年的154.75%，下降了6.38个百分点。股份制商业银行则由

2015年的177.73%下降至2016年的168.28%，下降了9.45个百分点。股份制商业银行总体表现好于大型商业银行。从个别银行来看，拨备覆盖率最小的为工商银行，2016年下降至136.69%。下降最为明显的为浦发银行，2016年较2015年末下降了42.27个百分点（见表3-2）。

表3-2　2015—2016年13家上市银行拨备覆盖率

单位：%

银行	拨备覆盖率	
	2015年	2016年
工商银行	156.34	136.69
农业银行	189.43	173.40
中国银行	153.30	162.82
建设银行	150.99	150.36
交通银行	155.57	150.50
五大行均值	161.13	154.75
华夏银行	167.12	158.73
招商银行	178.95	180.02
浦发银行	211.40	169.13
兴业银行	210.08	210.51
中信银行	167.81	155.50
民生银行	153.63	155.41
光大银行	156.39	152.02
平安银行	165.86	155.37
股份行均值	177.73	168.28

数据来源：Wind资讯。

2. 3个月以上逾期贷款增速下降，不良贷款压力减小

从3个月以上逾期贷款余额的角度来看，各家商业银行的3个月以上逾期贷款仍在上涨。大型商业银行2016年平均3个月以上逾期贷款余额为1422.24亿元，较2015年的1289.13亿元增加了133.11亿元；股份制商业银行2016年平均3个月以上逾期贷款余额为477.89亿元，较2015年的390.15亿元增加了87.74亿元。但从其增长率的角度来看，3个月以上逾期贷款的增速却出现了显著下降。大型商业银行增速由2015年的65.62%下降至

2016年的9.31%，下降了56.31个百分点；股份制商业银行由2015年的59.47%下降至2016年的21.03%，下降了38.44个百分点。从个别银行来看，下降最为显著的是华夏银行，3个月以上逾期贷款由2015年的208.37%高速下降至2016年的40.86%（见表3-3）。

表3-3 2015—2016年13家上市银行3个月以上逾期贷款

单位：亿元，%

银行	3个月以上逾期贷款		3个月以上逾期贷款增长率	
	2015年	2016年	2015年	2016年
工商银行	1627.96	1950.12	41.36	19.79
农业银行	1810.47	1950.90	93.67	7.76
中国银行	1066.09	1123.10	57.83	5.35
建设银行	1026.89	1219.25	30.30	18.73
交通银行	914.23	867.82	104.92	-5.08
五大行均值	1289.13	1422.24	65.62	9.31
华夏银行	325.33	458.26	208.37	40.86
招商银行	449.72	478.73	78.29	6.45
浦发银行	453.68	628.96	39.86	38.64
兴业银行	269.75	270.75	65.28	0.37
中信银行	379.02	577.11	15.17	52.26
民生银行	486.92	627.21	111.83	28.81
光大银行	351.72	357.15	89.71	1.54
平安银行	340.25	405.32	16.13	19.12
股份行均值	390.15	477.89	59.47	21.03

数据来源：Wind资讯。

总的来说，2016年上市商业银行的风险不断积聚，安全性仍在下降，提高安全性水平仍为各家银行关注的重点。

（二）流动性

1. 流动性缺口不断上升

从流动性缺口的角度来看，13家上市商业银行的表现不佳，期限错配严重。2016年13家上市商业银行合计资产负债净头寸为11.50万亿元，相较于2015年的8.42万亿元呈现显著增加。并且，各期限资产负债净头寸与上年同期比较均有增长（见表3-4）。

表3-4 2015—2016年末13家上市银行资产负债流动性缺口期限结构

单位：亿元

年份	指标	1个月	1~3个月	3~12个月	1~5年	5年以上	合计
2016	资产	82724.89	108651.78	274718.6	321222.92	323146.41	1333142.08
	负债	113843.89	149445.98	255141.69	128810.62	13314.15	1208100.99
	净头寸	-31119	-40794.2	19576.91	192412.3	309832.26	115041.09
2015	资产	121278.11	98932.73	267134.93	277672.72	254318.85	1175125.14
	负债	103909.26	135995.13	222571.5	118688.28	12558.54	1090859.79
	净头寸	17368.85	-37062.4	44563.43	158984.44	241760.31	84265.35

注：1. 对于年报中披露的逾期、无限期、即期偿还指标，各家银行存在口径上的差异，其中中国银行、兴业银行、华夏银行统计中将已逾期与无限期数据进行合并，而其他银行将逾期与即期偿还合并，所以本书中不对上述三项进行统计。

2. 浦发银行与中信银行统计中将1个月以内与1~3个月合并为3个月以内。

数据来源：各银行年报数据统计所得。

2. 短期资产流动性比率分化明显

从短期资产流动性比率的角度来看，13家上市商业银行的表现出现分化。大型商业银行2016年平均短期资产流动性比率为44.6%，较2015年的43.5%增加了1.1个百分点，股份制商业银行2016年平均47.3%，较2015年的50.4%下降了3.1个百分点①（见表3-5）。

表3-5 2015—2016年13家上市银行短期资产流动性比率

单位：%

银行	短期资产流动性比率	
	2015年	2016年
工商银行	35.5	35.7
农业银行	44.5	46.7
中国银行	48.6	45.6
建设银行	44.1	44.1
交通银行	44.9	50.9
五大行均值	43.52	44.6
华夏银行	39.1	31.4
招商银行	—	—
浦发银行	—	—

① 表3-5中股份制商业银行均值的计算中，由于部分银行的数据不可得，计算结果则是通过对已有数据进行平均取得。

续表

银行	短期资产流动性比率	
	2015年	2016年
兴业银行	55.5	—
中信银行	—	—
民生银行	—	—
光大银行	54.9	63.1
平安银行	52.1	47.6
股份行均值	50.4	47.3

从流动性资金来源的角度来看，由于同业竞争及理财化趋势加强，使得商业银行获取低成本存款更加困难，一些商业银行更多地将负债来源转向成本相对较高的同业资金等，致使流动性紧张成为各家银行面临的紧迫问题。

（三）效益性

从总资产收益率ROA的角度来看，2016年相较于2015年ROA继续下降。大型商业银行2016年平均总资产收益率为1.06%，比2015年的1.16%下降了0.1个百分点。股份制商业银行2016年平均总资产收益率为0.9%，比2015年的1.03%下降了0.13个百分点。从个别银行来看，2016年ROA最小的银行中信银行仅为0.75%，明显低于同业均值0.9%（见表3–6）。

表3–6　2015—2016年13家上市银行总资产收益率

单位：%

银行	总资产收益率ROA	
	2015年	2016年
工商银行	1.30	1.20
农业银行	1.07	0.99
中国银行	1.12	1.05
建设银行	1.30	1.18
交通银行	1.00	0.87
五大行均值	1.16	1.06
华夏银行	0.98	0.90
招商银行	1.14	1.09
浦发银行	1.10	0.98
兴业银行	1.04	0.95
中信银行	0.90	0.75
民生银行	1.10	0.93

续表

银行	总资产收益率ROA	
	2015年	2016年
光大银行	1.00	0.84
平安银行	0.93	0.82
股份行均值	1.03	0.90

数据来源：Wind资讯。

从净资产收益率（ROE）的角度来看，各家银行的下降幅度更为明显。大型商业银行2016年平均净资产收益率为13.68%，比2015年的15.41%下降了1.73个百分点。股份制商业银行2016年平均净资产收益率为14.29%，比2015年的16.17%下降了1.88个百分点。个别银行来看，ROE最小的银行同样为中信银行，仅为11.94%，明显低于同业均值14.29%。而下降幅度最大的为华夏银行，由2015年的17.23%下降至2016年的14.58%，下降了2.65个百分点（见表3-7）。

表3-7　2015—2016年13家上市银行净资产收益率

单位：%

银行	净资产收益率ROE	
	2015年	2016年
工商银行	16.69	14.80
农业银行	16.12	14.55
中国银行	13.97	12.12
建设银行	17.05	15.38
交通银行	13.23	11.55
五大行均值	15.41	13.68
华夏银行	17.23	14.58
招商银行	17.09	16.26
浦发银行	17.59	15.54
兴业银行	17.57	16.22
中信银行	14.26	11.94
民生银行	17.04	14.86
光大银行	14.67	12.79
平安银行	14.95	12.42
股份行均值	16.17	14.29

数据来源：Wind资讯。

总体来看，2016年上市商业银行效益性表现并不理想，延续了经济下行期以来的收益下降趋势。同时，受到利率市场化以及同业竞争加剧影响，使得这一趋势更加明显。

综上所述，从商业银行资产负债配置的安全性、流动性以及效益性三个角度来看，银行业的整体表现欠佳，呈现了较2015年更加紧迫的局面，收益性下降、不良资产上升、流动性紧张三个方面的挑战并存。

二、2016年上市银行资产负债配置结构

（一）资金运用

1. 资产规模平稳扩张，资产配置趋于多元化

近年来，上市银行的资产规模保持了较快增长。2016年，13家上市银行总资产合计130.3万亿元，同比增长12.8%。

从13家银行资产结构看，贷款占49.7%，证券投资[①]占27.5%，同业往来占6.8%。与上年相比，资产结构基本保持稳定，但从2011—2016年的数据看，上市银行资产结构处于不断调整中，贷款占比在50%上下徘徊，证券投资占比却由19.3%提高至27.5%，生息资产配置趋于多元化。

从个体情况看，上市银行资产增速与结构的差异化也在不断显现。2016年8家股份制银行的资产规模平均增速较五大行高出7个百分点，而2011—2016年总资产年均增速最低的中国银行（8.9%）与年均增速最高的民生银行（21.5%），增速相差12.6个百分点。兴业银行的资产结构则与其他银行差别显著，其贷款占比最低，仅为33%，而证券投资占比高达54.1%（见表3–8）。

① 本报告证券投资资产的计算口径是“应收款项类投资 + 持有至到期 + 可供出售 + 交易性”四项资产之和。

表3-8 2016年13家上市银行资产构成

单位：亿元，%

银行	贷款净额		证券投资		同业往来		总资产
	余额	占比	余额	占比	余额	占比	
工商银行	127673	52.9	54812	22.7	15531	6.4	241373
农业银行	114884	54.8	50686	24.2	8585	4.1	209637
中国银行	97356	53.6	39729	21.9	11765	6.5	181489
建设银行	93194	47.6	53335	27.3	15267	7.8	195701
交通银行	40090	47.7	23144	27.5	7158	8.5	84032
五大行均值	94639.4	51.3	44341.2	24.7	11661.2	6.6	182446.4
华夏银行	31516	53.0	14509	24.4	5820	9.8	59423
招商银行	28024	47.2	18527	31.2	5467	9.2	59311
浦发银行	23972	40.7	22069	37.4	4618	7.8	58959
兴业银行	20074	33.0	32921	54.1	1010	1.7	60859
中信银行	26746	45.7	21351	36.5	3561	6.1	58573
民生银行	17516	43.6	13181	32.8	4259	10.6	40200
光大银行	11844	50.3	6402	27.2	2717	11.5	23562
平安银行	14359	48.6	7594	25.7	2732	9.3	29534
股份行均值	21756.3	45.2	17069.2	33.6	3773	8.25	48802.6

数据来源：各行年报，Wind资讯。

2. 公司贷款占比下降，行业分布持续优化

13家上市银行贷款增速从2015年的7.45%上升至2016年的8.01%。其中公司类贷款占比由2015年的65.68%收缩至2016年的61.80%，但大部分银行占比均超过60%，仍为信贷扩张的主力。对公贷款增速由2015年的7.45%上升至2016年的8.01%，其中五大行增速出现放缓迹象，由2015年的4.22%下降至3.57%，而股份制商业银行则由2015年的9.46%上升至10.79%。从个别商业银行来看，最值得关注的为农业银行，对公贷款增速下降最为显著，由2015年的5.46%快速下降至2016年的-0.26%（见表3-9）。

表3-9　2015—2016年13家上市银行公司贷款占比及增速

单位：%

银行	2015年占比	2016年占比	2015年增速	2016年增速
工商银行	65.95	62.35	3.38	3.45
农业银行	65.3	59.71	5.46	-0.26
中国银行	66.84	62.87	4.91	2.7
建设银行	61.93	58.04	2.45	5.1
交通银行	70.16	68	4.92	6.85
五大行均值	66.03	62.19	4.22	3.57
华夏银行	69.89	64.15	12.91	4.46
招商银行	78.27	77.55	10.56	12.76
浦发银行	60.59	56.67	9.71	12.4
兴业银行	53.39	48.03	2.74	3.9
中信银行	67.3	61.13	1.52	6.16
民生银行	62.6	62.34	21.36	20.84
光大银行	71.08	62.67	5.03	8.47
平安银行	60.61	59.93	11.85	17.29
股份行均值	65.47	61.56	9.46	10.79

数据来源：Wind资讯。

从2016年末贷款行业分布来看，在去库存、去产能政策的不断推进下，我国贷款的行业分布也出现了显著的调整。其中，制造业占比仍遥遥领先，但比值下降，由2015年的23.37%下降至2016年的21.40%。这一变化受到上市银行对制造业实行差别化信贷政策的影响，对传统行业中的优质企业，继续给予信贷支持，对产能严重过剩企业和项目谨慎授信，对“僵尸企业”坚决压缩退出相关贷款。房地产业贷款占比也从2015年的10.66%下降至2016年的10.05%，建筑业从2015年的4.26%下降至2016年的3.97%，下降明显。当前房地产行业“去库存”还在路上[①]（见表3-10）。

① 德勤：《2016 年上市银行年报业务回顾与展望》，https://www2.deloitte.com/cn/zh/pages/financial-services/articles/banking-annual-results-2016.html。

表3-10 2015—2016年13家上市银行贷款行业分布

单位：%

分类	公司贷款行业占比	
	2015年	2016年
制造业	23.37	21.40
批发和零售业	9.87	8.73
交通运输、仓储和邮政业	14.72	15.46
房地产业	10.66	10.05
电力、热力、燃气及水生产和供应业	7.90	8.29
建筑业	4.26	3.97
采矿业	4.40	—
金融业	—	4.14
水利、环境和公共设施管理业	4.67	5.25
租赁和商务服务业	10.28	11.46

数据来源：Wind资讯。

3. 个人贷款规模快速增长，个人住房按揭贷款成为增长亮点

13家上市商业银行个人贷款增速从2015年的18.37%上升至2016年的29.53%。其中五大行、股份制个人贷款增速分别由2015年的15.54%、20.14%，快速上升至2016年的21.70%、34.43%。个别银行来看，值得注意的为浦发银行，个人贷款增速由2015年的26.36%迅速上涨至2016年的65.20%（见表3-11）。究其原因，经济下行和行业竞争加剧，共同致使各家商业银行加大了对消费金融的关注。

表3-11 2014—2016年13家上市银行个人贷款增速

单位：%

银行	个人贷款增速	
	2015年	2016年
工商银行	15.62	18.47
农业银行	13.9	22.37
中国银行	13.47	23.08
建设银行	20.31	25.17
交通银行	14.39	19.42
五大行均值	15.54	21.7

续表

银行	个人贷款增速	
	2015年	2016年
华夏银行	14.97	22.28
招商银行	26.29	25.59
浦发银行	26.36	65.2
兴业银行	32.64	46.62
中信银行	20.57	43.07
民生银行	11.2	23.75
光大银行	14.54	26.31
平安银行	14.58	22.62
股份行均值	20.14	34.43

数据来源：Wind资讯。

2016年，由于房地产市场火爆，房价上涨明显，购房者需求大幅上升，个人住房按揭贷款成为2016年的银行增长亮点。其中大型商业银行住房按揭贷款平均增幅达到29.51%，而其他个人贷款有所下降；股份制商业银行住房按揭贷款平均达到了66.72%。个别银行表现抢眼，民生银行达到了158.79%的高水平。除光大银行及华夏银行外，各家银行的住房按揭贷款增幅都高于个人贷款整体增幅（见图3–1）。

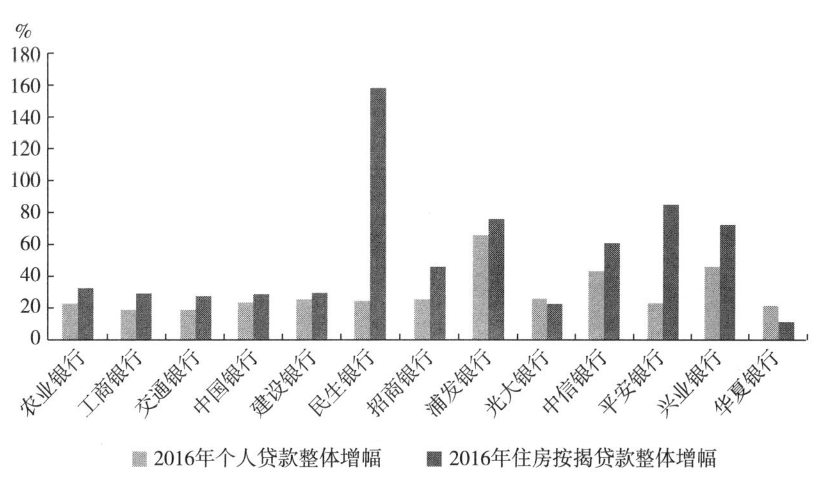

图3–1　2016年13家上市银行个人贷款增幅

从个人贷款占比的角度来看，各家银行住房按揭贷款占比除华夏银行外，均有所上升。其中，大型商业银行2016年住房按揭贷款占比平均达到了75.62%，明显高于股份制商业银行的43.94%，最高的建设银行达到了82.01%。股份制商业银行的占比也有所上涨，由2015年的38.20%上升至2016年的43.94%（见图3-2）。

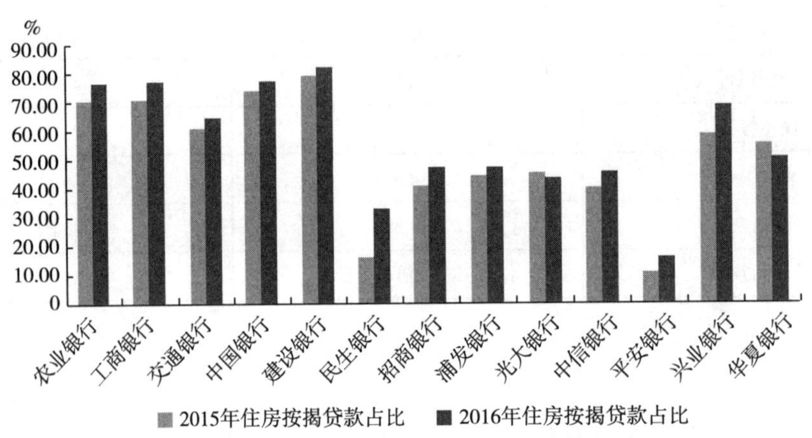

图3-2　2015—2016年13家上市银行住房按揭贷款占比

4. 证券资产投资趋于多元，债券增配

2016年末，13家商业银行持有至到期投资余额14.4万亿元，占比40%；可供出售金融资产余额增长40.9%至9.7万亿元，占比27.1%；以公允价值计量且其变动计入当期损益的金融资产[①]余额增长50%至2.4万亿元，占比为6.8%；应收款项类投资[②]余额增长25.9%至9.3万亿元，占比25.9%。大型银行与股份制银行证券投资的结构有所差异：五大行以持有至到期投资为主，占比均在50%上下，股份制银行的应收款项类投资占比均在30%以上，兴业银行更是高达63.9%（见图3-3、图3-4）。

① 主要包括为交易而持有的金融资产和初始确认时指定为以公允价值计量且其变动计入当期损益的金融资产。

② 应收款项类投资主要指银行持有的无活跃市价的债券投资和非标准债权投资。

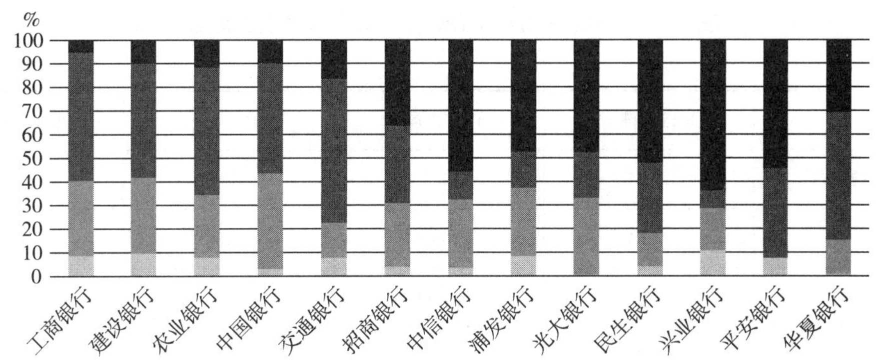

图3-3　2016年13家上市银行各金融资产类别占比

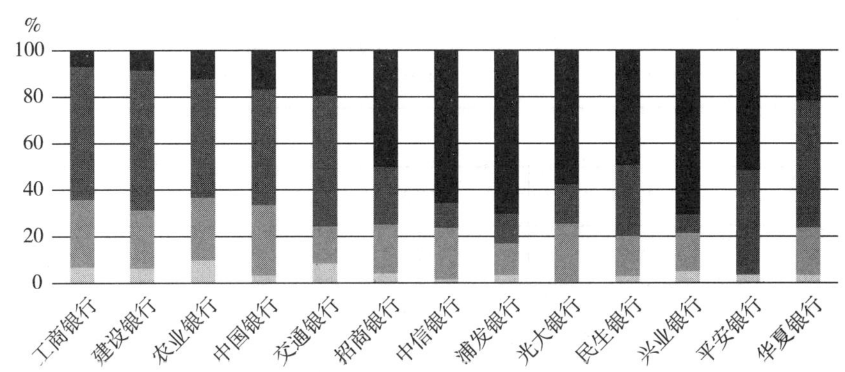

图3-4　2015年13家上市银行各金融资产类别占比

从债券配置上来看，政府类债券占比提升。为更好剥离出债券投资的变动情况，我们将交易性金融资产、可供出售金融资产、持有至到期资产中的债券资产单独合并出来进行研究，表3-12中各家银行债券数字即上述三种成分中债券资产的合计。

整体来看，五大行债券持有结构中，政府类债券占比仍在高速增加，与地方债的持续发行有关；而剩余的三类债券均有较明显下滑。值得一提的是，部分银行的政府债券占本行债券投资的比例已经高达70%或以上，而股份行则表现为对同业及其他金融机构债券的配置增加。整体来看，两类银行都表现出了对政策性金融债与公司债券的减配（见表3-12）。

表3-12　2015—2016年13家上市银行投资类占比结构

单位：%

银行	2015年债券	2016年债券	2015年同业	2016年同业
工商银行	73.35	78.2	26.65	21.8
农业银行	71.64	76.99	28.36	23.01
中国银行	78.3	84.44	21.7	15.56
建设银行	78.98	76.02	21.02	23.98
交通银行	76.67	80.62	23.33	19.38
五大行均值	75.31	78.76	24.69	21.24
华夏银行	26.54	30.8	73.46	69.2
招商银行	45.53	49.25	54.47	50.75
浦发银行	30.51	44.25	69.49	55.75
兴业银行	—	—	—	—
中信银行	22.45	26.33	77.55	73.67
民生银行	40.22	44.85	59.78	55.15
光大银行	26.02	33.94	73.98	66.06
平安银行	33.09	36	66.91	64
股份行均值	28.58	35.12	71.42	64.88

数据来源：Wind资讯。

5. 表外资产稳步扩张

大多上市商业银行中间业务收入在2016年的占比受MPA监管的影响较小仍不断上升，仅中国银行、平安银行在2016年的占比小幅下降。从各种类型的银行角度来说，股份制商业银行的中间业务收入占比在2013年反超五大行，占比处于最高水平，2016年占比达到了27.53%。由于中小型商业银行营业网点较少，与五大行相比，对于存贷款的获客能力较低，近年来其大力发展中间业务，以此拓展利润来源，扩张规模（见表3-13）。

表3-13　2015—2016年13家上市银行中间业务收入占比

单位：亿元，%

银行	2016年	2015年
工商银行	21.45	20.55
农业银行	17.97	15.40
中国银行	18.33	19.48
建设银行	19.59	18.76
交通银行	19.05	18.07
五大行均值	19.48	18.62
华夏银行	27.49	24.58
招商银行	22.89	21.03
浦发银行	33.67	33.16
兴业银行	29.12	26.51
中信银行	23.27	20.86
民生银行	25.86	27.50
光大银行	25.31	18.97
平安银行	29.89	28.23
股份行均值	27.53	25.27

数据来源：Wind资讯。

在表外业务中，信贷承诺业务稳中有进，贷款承诺增幅显著。2016年末信贷承诺结构中，大型商业银行承兑汇票、保函及信用证占比与贷款及信用卡信贷承诺占比相近，而股份制商业银行前三者则明显高于贷款及信用卡承诺，最为显著的为民生银行。从变动角度来看，贷款及信用卡信贷承诺占比较年初上升。对于委托贷款业务，大型商业银行规模破万亿元，其中建设银行月近2.4万亿元；股份制银行平均余额为3000亿元，以中信银行为首。托管业务规模持续扩大，其中工商银行连续2年托管资产超过10万亿元；股份制银行中，招商银行2016年突破10万亿元，高于其他类型银行。

（二）资金来源

1. 融资多样化趋势加强，同业负债占比提升

2016年，13行总负债合计121万亿元，增长12.9%，存款占比72.1%，同业负债占比15.7%，应付债券占比4.6%。从变化趋势看，近年来在存款分流压力下，上市银行不断

加大主动负债力度，存款占比较2015年下降将近1.93个百分点。五大行存款占比高出股份制银行近20个百分点，核心负债优势仍然明显。与此同时，应付债券的占比有所提高，2016年五大行应付债券较上年同期增加0.07个百分点，股份制商业银行较上年同期占比上升了2.72个百分点，其中上升最为明显的为华夏银行，占比较上年同期上升了8.66个百分点（见表3-14）。

表3-14　2016年13家上市银行负债结构

单位：亿元，%

银行	存款		同业往来负债		应付债券		总负债
	余额	占比	余额	占比	余额	占比	余额
工商银行	178253	80.5	26061	11.8	3579	1.6	221561
农业银行	154029	79.5	21261	11.0	4516	2.3	193741
中国银行	129397	77.7	17233	10.3	3623	2.2	166618
建设银行	150380	82.4	16639	9.1	3882	2.1	182485
交通银行	47286	60.9	17875	23.0	2295	3.0	77708
五大行均值	131869	76.2	19813	13.0	3579	2.2	168422
华夏银行	38020	68.6	9674	17.5	2751	5.0	55389
招商银行	36393	65.6	11855	21.4	3869	7.0	55466
浦发银行	30822	55.6	15213	27.4	3984	7.2	55439
兴业银行	26948	47.0	20185	35.2	7140	12.5	57315
中信银行	30020	54.7	15323	27.9	6647	12.1	54843
民生银行	21209	56.3	9671	25.7	4125	10.9	37690
光大银行	13683	62.1	4050	18.4	2682	12.2	22033
平安银行	19218	69.9	4639	16.9	2635	9.6	27513
股份行均值	27039.2	59.9	18121.8	23.8	4229	9.5	45710

注：同业往来负债包括同业存放款项、同业拆入、卖出回购金融资产款项；吸收存款包括：公司存款、个人存款、其他；应付债券包括发行债券、发行存款证。

数据来源：Wind资讯。

2. 客户存款活期化、理财化趋势加强

虽然客户存款增速在2016年出现了明显下降，但客户存款仍是我国商业银行资金的主要来源。2016年末，13家上市银行客户存款87.56万亿元，比上年末增加7.85万亿元，

同比增长9.85%。其中大型商业银行平均增幅10.93%，较2015年增加3.96个百分点；股份制商业银行平均增幅9%，增速较2015年有所回落。总体来看，上市银行吸收存款增幅略低于总负债增幅。

从客户结构上看，公司存款增加4.81万亿元，增长10.78%；个人存款增加3.09亿元，增长9.52%，近两年较为稳定。股份制商业银行在公司存款占比超过60%，在银行中占比超过其他类型银行。

从期限结构上看，定期存款增加815亿元，增长0.2%；活期存款增加7.85万亿元，增长21.01%。大型商业银行和股份制商业银行活期存款平均占比突破50%，主要由于银行经营成本管理及存款理财化所致（见表3-15）。

表3-15　2016年13家上市银行客户存款占比

单位：%

银行	活期存款占比	个人存款占比	公司存款占比
工商银行	50.45	45.67	53.01
农业银行	56.04	58.62	37.24
中国银行	51.94	47.08	47.23
建设银行	52.79	44.97	51.99
交通银行	51.77	32.09	67.81
五大行均值	52.6	45.69	51.46
华夏银行	52.67	15.33	84.47
招商银行	49.32	17.51	70.52
浦发银行	42.46	17.54	81.83
兴业银行	62.94	33.79	66.21
中信银行	43.97	13.02	79.66
民生银行	41.52	12.64	66.79
光大银行	45.84	15.78	75.12
平安银行	39.64	16.96	77.95
股份行均值	47.3	17.82	75.32

数据来源：Wind资讯。

2016年末，13家上市银行理财产品余额增速下降显著，但绝对值仍呈现增长趋势。从增速的角度来看，2016年银行理财产品余额增速呈现明显下降趋势。13家上市银行合计增速由2015年的54.29%直线下降至2016年的6.77%。五大行平均增速由2015年的36.66%下降至2016年的18.67%，股份制商业银行平均增速由2015年的79.74%，下降至2016年的25.88%。

虽然增速有所下降，但2016年13家上市银行合计余额绝对值为18.02万亿元，较2015年的16.87万亿元上升了1.15万亿元，由于交通银行及华夏银行2016年数据缺失，故实际数值应高于此统计结果。所以从绝对值的角度看，13家商业银行2016年末的理财余额仍不断上升（见表3–16）。

表3–16　2015—2016年13家上市银行理财产品余额及增速

单位：亿元，%

银行	理财产品余额		理财产品增速	
	2015年	2016年	2015年	2016年
工商银行	26165.98	27029.44	31.99	3.30
农业银行	15773.47	16311.96	36.27	3.41
中国银行	11070.79	15121.00	30.71	36.58
建设银行	16176.43	21251.09	41.06	31.37
交通银行	14600.00	—	43.25	—
五大行均值	16757.33	19928.37	36.66	18.67
五大行合计	83786.67	79713.49	36.17	–4.86
中信银行	8537.03	10312.93	65.48	20.80
华夏银行	4173.43	—	40.56	—
民生银行	10585.40	14278.16	121.83	34.89
招商银行	18206.93	23800.00	100.50	30.72
兴业银行	14385.58	13831.02	72.26	–3.85
平安银行	7418.00	9263.98	129.59	24.89
浦发银行	9499.00	15412.00	64.94	62.25
光大银行	12200.00	13600.00	42.75	11.48
股份行均值	10625.67	14356.87	79.74	25.88
股份行合计	85005.37	100498.09	77.58	18.23
13家合计	168792.04	180211.58	54.29	6.77

注：2016 年末交通银行及华夏银行理财产品余额数据缺失，故此处仅合计剩余银行数值。

数据来源：Wind资讯。

3. 债务融资渠道丰富，同业存单发行量大幅增加

部分大型商业银行2016年发行存款证明显增加，并主要由海外分行发行，国际化发展道路明晰；而股份制商业银行和城市商业银行2016年则通过发行同业存单融资增加负债来源，扩大资金规模。随着银行间市场的不断活跃，同业存单已经成为银行优化负债结构、获取主动负债的重要工具。2016年同业存单发行数量激增，全年共发行12.99万亿元，比2015年的5.3万亿元激增145%。从结构上来看，39%是由总资产规模在7000亿元（2015年末数）以下的中小银行发行的。大型商业银行中，部分银行年末存款证及同业存单占比超过50%；股份制商业银行同业存单占比明显高于大型商业银行，其中浦发银行年末同业存单余额超过5000亿元，位居上市银行之首。

4. 卖出回购款项分化突出

2016年，13家上市商业银行卖出回购款项2.1万亿元，比上年末增加5544.46亿元，增长35.74%，主要由于各行根据内外部资金情况适时增加公开市场融入资金，灵活调整资金头寸的有效手段。2016年，商业银行卖出回购业务出现了明显分化，也从侧面反映了资金的流动性状况。交通银行、民生银行、农业银行、中信银行、平安银行、工商银行的回购业务增长，其他各家商业银行的卖出回购金融资产呈现不同程度的下滑。其中交通银行的卖出回购业务增长最快，增长了1293亿元，同比增长259%（见图3-5）。

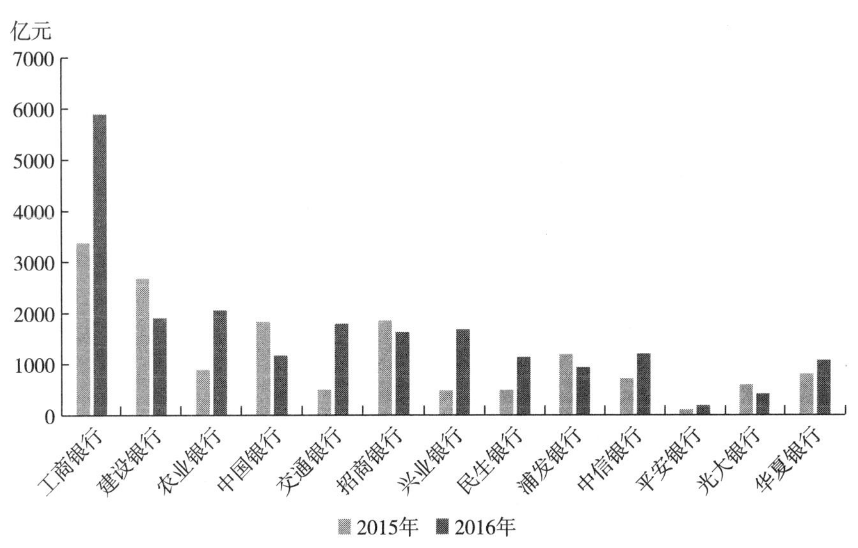

图3-5　2015—2016年13家上市银行卖出回购款项

三、2017年上市银行资产负债配置趋势展望

总结2016年变化趋势，结合当前银行监管政策及经济环境的转变，展望2017年银行业资产负债配置趋势主要呈现以下特点：

（一）资产方面

1. 个人贷款增速仍将扩大，住房按揭贷款或将收缩

2017年，经济环境运行趋势仍不明朗，平稳下行的概率较大，经济仍未见底。叠加上政府去产能、去杠杆政策的执行力度不断加大，效果逐渐显现，造成实体行业仍处于困难挣扎状态，公司类贷款需求下降，个人贷款成为增长的亮点。另外，由于市场资产荒频现，居民投资去向较少，手持现金愿望增强，消费性需求不断上升，致使2017年个人贷款增速仍将扩大，尤其是信用卡贷款或成增长主力。

2017年，由于房地产紧缩政策的陆续出台，使得房价快速增长的态势得以抑制，房地产市场火热程度下降。同时，各家商业银行也顺应政府的政策方向，在资金供给端纷纷收紧了住房贷款的规模，同时提高住房按揭贷款利率，抑制需求的增长。工、农、中、建、交5家大型银行以及中信银行、招商银行、北京银行等多家银行上调住房贷款利率，5月1日（含）以后网签的业务，首套房利率最低执行基准利率，二套房执行基准利率上浮20%。

贷款投向继续优化。供给侧结构性改革的持续深化，“三去一降一补”效果逐步显现，使得2017年国家的产业布局将更加清晰，更多的资金将投向绿色产业、高新技术产业、高端制造业、惠民工程等国家倡导的产业。

2. 债券投资力度仍将加大

随着利率市场化的推进，债券投资在银行资产结构中的比重将越来越高，利用债券资产获取相对高收益成为各家银行的核心竞争能力。另外，安全因素考虑标准化投资的安全性更高。2017年，伴随监管力度的加大，以及对低风险资产的偏倚，使得这种趋势会更加明显。银行持有至到期的债券中，主要以国债、地方政府债券、政策性金融债和央行票据等利率债为主，企业债、公司债等信用债持有相对较少。

3. 非标回表压力将上升

表外资产相对于表内资产占用资本较少，在此方面具有天然的优势，银行业运用这一工具快速扩张资产。但在此同时，表外资产也产生了更多风险。2017年由于外界压力增多，使得商业银行非标回表压力仍将加大。

2017年，MPA监管规则要求将表外理财纳入广义信贷进行考核，需要银行根据考核需要和自身情况，在资产端和负债端同步降杠杆、去非标、回表内，即适当控制表外资产增速、降低对同业负债的依存度。在此压力下，银行非标回表的压力仍将持续。另外，商业银行要处理好安全性、流动性、效益性之间的关系，适度回表、回标，不能忽视经营风险，失守流动性底线，为了短期利润而盲目错配。所以，在流动性风险逐渐暴露的情况下，商业银行自身也选择回表。

（二）负债方面

1. 负债来源回归存款，但存款业务压力进一步加大

随着商业银行主动负债占比快速上升，商业银行流动性风险随之加大，监管部门频繁出台的限制政策，以及同业资金来源价格不断上涨，使得2017年的负债来源将更多地回归到存款业务上来。

2017年，首先由于居民理财意识不断增强，银行存款流动性加强，资金不断由银行流向股市、债市、基金信托、互联网金融公司等渠道，造成商业银行低成本存款压力的进一步加大。其次，由于利率市场化的进一步推进，使得商业银行存款价格不断上升。2017年5月，多家商业银行纷纷上调存款利率。从整存整取的定期存款上看，五大行的存款年利率在基准利率基础上上浮7%到30%不等，股份制商业银行甚至高于五大行的变动幅度。因而，多方面原因将导致2017年银行低成本存款压力将进一步加大。

2. 同业存单发行规模及增速或将有所收缩

2017年债券通加速债券市场开放，境外机构加大同业存单的增持力度。境外机构在2017年4月单月增持人民币债券183.51亿元，已连续2个月增持人民币债券，主要来源于对同业存单的增持力度。但2017年初央行通过MPA考核收紧了发行同业存单获取的资金投资投放广义信贷的空间，这在一定程度上会减少中小银行发行同业存单的数量。同时，2017年银监会密集发文，3月末至4月终仅两周时间发布了七个监管文件。其中《关

于银行业风险防控工作的指导意见》（6号文）、《关于开展银行业“不当创新、不当交易、不当激励、不当收费”专项治理工作的通知》（53号文）均指向银行同业业务，46号文更是正式剑指同业套利和同业扩张，涉及银行理财、同业存单和委外投资等业务，未来机构调整，降低同业存单占比势在必行。

执笔：杨驰、卢颖超

第四章　2016年大中型上市银行[①]业务发展情况分析及趋势展望

2016年，大中型上市银行资产负债规模稳步增长，结构更为多元。从资产端看，贷款占比基本稳定，个人贷款成为贷款增长的“稳定器”；证券投资占比逐年上升，国债和地方政府债券的配置力度不断加大；同业资产增长迅速。从负债端看，存款增势好于上年，活期化趋势延续；核心负债争夺激烈，主动负债比重不断提升。中间业务细项表现分化，其中银行卡业务收入贡献突出，理财及代理业务收入增长稳定，资产托管业务保持较快发展；而结算与清算业务、投行业务收入增长相对乏力。从趋势研判，2017年大中型上市银行将借助国家战略深入推进、资本市场发展完善、金融科技落地应用等诸多契机，紧抓业务机遇，加快消费信贷、信用卡、投行等重要业务的创新发展步伐，同时推进资管、同业等新型业务的转型发展。其中，信用卡业务将以打造闭环生态为目标，跨界合作挖掘更多支付场景；资管业务将逐步回归代客理财本源，不断提升投研能力；投行业务将借助资本市场发展良机，拓展新业务品种，不断提升综合金融服务能力等。

一、2016年上市银行资产业务发展情况分析

2016年，13家大中型上市银行（以下简称13行）资产规模稳步增长，资产构成更为多元，结构调整效果逐步显现。以下主要对贷款、证券投资、同业资产等重要资产业务进行分析。

---

① 大中型上市银行开展的业务种类多样全面，业务创新领先同业，对这一群体业务发展及创新情况的研究，有利于我们更好地把握整个银行业业务发展变化趋势。基于业务数据可比性、业务发展代表性、业务创新引领性等因素考虑，本报告选取A股上市的5家大型银行（工行、建行、农行、中行、交行）及8家全国性股份制商业银行（招行、中信、兴业、浦发、民生、光大、华夏、平安）作为样本，进行分析。

（一）贷款业务分析

贷款仍然是商业银行现阶段最为重要的资产业务，大中型上市银行贷款余额在资产总额中的占比保持在50%左右。2016年，13行的贷款客户结构、行业分布等呈现出一些新特点，具体表现如下：

1. 公司贷款占比进一步下降，个人贷款担当信贷“稳定器”

受经济降速、经济结构深度调整等因素影响，贷款有效需求不足，近年来上市银行公司贷款的增速与占比均出现持续下降。13行公司贷款平均增速由2014年的7.6%降至2016年的4.8%，占比则由2014年的67%降至2016年的61%。在公司贷款增速下降的同时，个人贷款快速增长，担当信贷业务的“稳定器”，2016年13行个人贷款增长25.3%（见图4–1）。

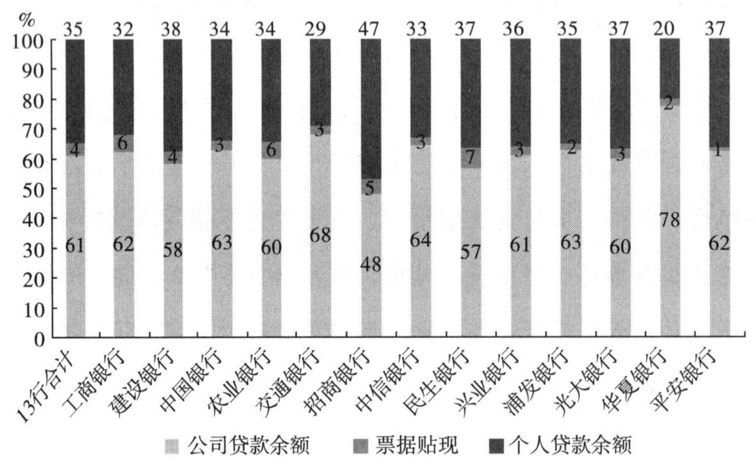

数据来源：各家上市银行年报。

图4–1　2016年13行贷款结构（按客户分类）

2. 个人房贷与信用卡应收账款是个人贷款增长的两大支柱

个人住房贷款增长34.4%至16万亿元，增速较上年提升约13个百分点，余额占个人贷款余额的68.5%，占贷款总额的24.4%，在个人贷款业务品种中增速最高、占比最高；信用卡应收账款虽然近年来增速连续下降，但仍然是增长较快的个人贷款品种，2016年13行信用卡应收账款增长23.4%至3.5万亿元，增速较上年下降6个百分点，余额占个人贷款总额的15%（见表4–1）。

表4–1　2016年末13行个人贷款结构情况

单位：亿元，%

	13行合计	占比	增速
个人住房贷款	157651	68.5	34.4
个人消费贷款	5167	2.2	-7.8
个人经营性贷款	13387	5.8	-6.0
其他个人贷款	19512	8.5	4.5
信用卡应收账款	34559	15.0	23.4

数据来源：各家上市银行年报。

3. 信贷投放新动能初显，部分行业贷款增长较快

2015年上市银行各行业贷款普遍收紧，增速明显放缓，2016年情况有所好转，如科学研究和技术服务业、信息传输、计算机服务和软件业、金融业及建筑业等行业贷款增长较快，余额分别增长139.7%、104.5%、85.6%和50.2%。文化、体育和娱乐业以及卫生和社会工作的贷款增速也较高。贷款投放的新动能初步显现（见表4–2）。

表4–2　2016年13行公司贷款行业分布情况

单位：亿元，%

	13行合计	占比	增速
公司贷款余额	393074	100	1.5
农、林、牧、渔业	1443	0.4	-8.3
采矿业	15754	4.0	-7.5
制造业	83754	21.3	-7.5
电力、热力、燃气及水生产和供应业	34736	8.8	13.6
建筑业	24806	6.3	50.2
批发和零售业	38290	9.7	0.2
交通运输、仓储和邮政业	66175	16.8	16.1
信息传输、计算机服务和软件业	1144	0.3	104.5
住宿和餐饮业	528	0.1	-81.2
金融业	16790	4.3	85.6
房地产业	39124	10.0	-5.2
租赁和商务服务业	45061	11.5	13.1
科学研究和技术服务业	183	0	139.7
水利、环境和公共设施管理业	20229	5.1	11.9
居民服务、修理和其他服务业	99	0	-16.2
教育	876	0.2	-3.1
卫生和社会工作	136	0	19.1
文化、体育和娱乐业	100	0	29.9
其他	3845	1.0	-83.2

数据来源：各家上市银行年报。

4. 信用贷款增长迅速，占比逐年提升

从担保方式的维度看，银行信用贷款和质押贷款增长迅速，2016年分别增长14.6%和13.8%。截至2016年末，13行信用贷款余额18万亿元，占比26.6%。从近五年信用贷款的增长情况看，13行信用贷款规模从2012年的11万亿元增至2016年的17.7万亿元，年均复合增长率为12.6%。其中，股份制银行的信用贷款规模从2012年的2万亿元增至4.2万亿元，且呈加速增长态势（见表4–3）。

表4–3　2016年13行贷款结构（按担保方式）

单位：亿元，%

	13行合计余额	占比	增速
质押贷款余额	78814	11.9	13.8
抵押贷款余额	287908	43.5	11.7
保证贷款余额	118425	17.9	7.8
信用贷款余额	177243	26.6	14.6

数据来源：各家上市银行年报。

（二）投资业务分析

随着商业银行参与资本市场的深度与广度的逐渐增大，投资业务在银行资产业务中的重要性显著提升，债券投资多样性日益显现。2016年13行的投资业务存在以下特点：

1. 投资工具以债券为主

在披露相关信息的四大行投资业务中，债务工具占94%，权益及其他工具仅占6%（见表4–4）。

表4–4　2016年四大行证券投资结构及增速（投资工具维度）

单位：%

银行	债务工具		权益工具及其他	
	占比	增速	占比	增速
工商银行	94.8	8.8	5.2	21.5
建设银行	87.7	11.5	12.3	117.7
中国银行	97.2	18.8	2.8	–67.4
农业银行	96.7	21.3	3.3	–31.8
合计	94.0	14.7	6.0	6.4

数据来源：各家上市银行年报。

2. 加大对国债和地方政府债券的配置力度

根据披露相关信息的8家银行年报，政府债券增长51%，占比46.7%，是目前投资的最主要品种（见表4–5）。

表4–5　2016年部分上市银行证券投资结构及增速（发行主体维度）

单位：%

银行	政府债券		中央银行债券		政策性银行债券		其他债券	
	占比	增速	占比	增速	占比	增速	占比	增速
工商银行	48.2	63.4	1.2	–83.7	26.5	–12.8	24.2	–0.4
建设银行	60.0	44.0	0.5	–86.6	8.1	–25.3	31.4	–6.3
中国银行	60.8	38.0	—	—	10.1	–11.7	29.1	1.3
农业银行	40.2	56.5	—	—	30.1	–3.8	29.6	25.3
交通银行	50.3	71.0	—	—	15.2	—	34.5	—
招商银行	47.6	51.0	—	—	29.3	6.5	23.1	0.6
中信银行	36.7	39.5	—	—	26.2	222.8	37.1	–14.3
兴业银行	18.8	47.3	—	—		—	81.2	22.8

注：由于各行披露口径不一致，以上数据仅供参考。未包含重组类债券。

数据来源：各家上市银行年报。

3. 外币债券占比有所提升

随着市场开放程度提高、商业银行国际化步伐加快，上市银行债券投资中的美元和其他外币债券占比也在快速提高。根据披露相关信息的5家银行年报，2016年13行美元债券合计增长42.9%，占比增至6.3%，其他外币债券增长25.2%，占比增至3.1%（见表4–6）。

表4–6　2016年部分上市银行证券投资结构及增速（币种结构维度）

单位：%

银行	人民币债券		美元债券		其他外币债券	
	占比	增速	占比	增速	占比	增速
工商银行	93.1	8.2	4.9	39.4	1.9	16.4
建设银行	95.8	9.7	2.4	81.6	1.8	69.7
中国银行	75.5	5.9	15.6	29.8	8.9	23.8
农业银行	94.9	21.4	4.0	90.3	1.1	28.7
招商银行	92.8	0.3	4.9	39.3	2.3	–6.8
合计	90.6	10.6	6.3	42.9	3.1	25.2

注：未包含重组类债券。

数据来源：各家上市银行年报。

4. 可供出售类债券占比提升明显

截至2016年末，13行持有至到期投资[①]余额14.4万亿元，占比40%；可供出售金融资产[②]余额增长40.9%至9.7万亿元，占比27.1%；以公允价值计量且其变动计入当期损益的金融资产[③]余额增长50%至2.4万亿元，占比为6.8%；应收款项类投资[④]余额增长8.3%至9.3万亿元，占比25.9%。大型银行与股份制银行证券投资的结构有所差异：五大行以持有至到期投资为主，占比均在50%上下，股份制银行的应收款项类投资占比均在30%以上，兴业银行更是高达63.9%。

从变化趋势看，应收款项类投资占比呈持续上升态势，从2012年的16.4%升至29.3%，但随着监管收紧，高速增长势头或将减缓；持有至到期投资占比逐年下降，从2012年的48.6%降至2016年的36.8%，说明上市银行的投资更趋多元化（见表4–7、表4–8）。

表4–7　2016年13行证券投资余额及增速（持有目的）

单位：亿元，%

银行	以公允价值计量且其变动计入当期损益的金融资产			可供出售金融资产			持有至到期投资			应收款项类投资		
	余额	占比	增速	余额	占比	增速	余额	占比	增速	余额	占比	增速
工商银行	4745	8.7	38.2	17423	31.8	20.6	29730	54.2	3.6	2914	5.3	–17.3
建设银行	4884	9.6	80.1	16338	32.2	53.2	24384	48.1	–4.9	5080	10.0	37.5
中国银行	1241	3.1	4.2	16098	40.5	49.3	18430	46.4	2.9	3959	10.0	–34.7
农业银行	4180	7.8	–4.9	14089	26.4	16.0	28822	54.0	25.3	6245	11.7	12.0
交通银行	1172	5.2	8.0	3428	15.2	29.5	14074	62.5	50.7	3850	17.1	19.0
招商银行	560	3.9	–5.3	3891	26.8	29.9	4771	32.9	35.1	5287	36.4	–26.2
中信银行	649	3.5	147.6	5345	28.9	43.0	2175	11.7	20.9	10357	55.9	–6.9
民生银行	897	4.1	232.9	3071	13.9	95.6	6614	30.0	137.6	11487	52.1	154.6

① 包括银行战略性配置而长期持有的金融资产，主要类别为政府债券、政策性银行债券等。

② 主要是指基于提高经营绩效需要而持有的国债、地方债等资产。

③ 主要包括为交易而持有的金融资产和初始确认时指定为以公允价值计量且其变动计入当期损益的金融资产。

④ 应收款项类投资主要是指银行持有的无活跃市价的债券投资和非标准债权投资。

续表

银行	以公允价值计量且其变动计入当期损益的金融资产			可供出售金融资产			持有至到期投资			应收款项类投资		
	余额	占比	增速	余额	占比	增速	余额	占比	增速	余额	占比	增速
兴业银行	3546	10.8	175.6	5849	17.8	37.1	2498	7.6	20.8	21028	63.9	14.6
浦发银行	1772	8.3	178.0	6205	29.1	143.5	3270	15.3	36.4	10105	47.3	-23.7
光大银行	78	0.6	39.0	4251	32.3	91.1	2575	19.5	69.1	6277	47.6	19.9
华夏银行	49	0.8	-58.4	923	14.4	26.0	3456	54.0	77.6	1974	30.8	154.8
平安银行	572	7.5	189.4	12	0.2	-5.3	2868	37.8	7.8	4143	54.6	34.7
5大行合计	16221	7.3	26.6	67376	30.5	32.9	115441	52.2	10.4	22048	10.0	-0.2
8家股份制银行合计	8124	5.9	137.6	29546	21.6	63.4	28226	20.7	50.9	70658	51.7	11.3
13行合计	24344	6.8	50.0	96922	27.1	40.9	143667	40.2	16.5	92706	25.9	8.3

数据来源：各家上市银行年报。

表4-8　2012—2016年13行证券投资结构变化情况

单位：%

	2012年	2013年	2014年	2015年	2016年
以公允价值计量且其变动计入当期损益的金融资产	5.5	8.5	7.8	6.4	7.7
可供出售金融资产	29.6	25.4	24.0	22.4	26.1
持有至到期投资	48.6	44.5	40.4	38.0	36.8
应收款项类投资	16.4	21.6	27.7	33.2	29.3

数据来源：各家上市银行年报。

（三）同业资产业务分析

2016年，13行同业资产增长迅速，存放同业及其他金融机构款项合计增长30.3%至3.47万亿元，其中五大行平均仅增6.3%，股份制银行增速高达105.4%；13行拆放同业款项增长9.6%至3.25万亿元（见表4-9、表4-10）。

表4-9　2016年13行存放同业及其他金融机构款项余额及增速

单位：亿元，%，百分点

银行	余额	增速	占总资产比重	占比变化
工商银行	2701	27.7	1.1	0.2
建设银行	4946	40.1	2.4	0.4
中国银行	5824	0.2	3.2	-0.2
农业银行	6227	-10.8	3.2	-0.7
交通银行	1800	1.0	2.1	-0.3
招商银行	1030	61.5	1.7	0.6
中信银行	2086	158.2	3.5	1.9
民生银行	1884	85.8	3.2	1.0
兴业银行	562	32.7	0.9	0.1
浦发银行	2342	110.3	4.0	1.8
光大银行	2326	169.5	5.8	3.1
华夏银行	1338	170.3	5.7	3.2
平安银行	1669	53.0	5.7	1.3
5大行合计	21497	6.3	2.4	-0.1
8家股份制银行合计	13238	105.4	3.4	1.4
13行合计	34735	30.3	2.7	

数据来源：各家上市银行年报。

表4-10　2016年13行拆放同业款项余额及增速

单位：亿元，%，百分点

银行	余额	增速	占总资产比重	占比变化
工商银行	5274	11.7	2.2	0.1
建设银行	2607	-16.1	1.2	-0.5
中国银行	4839	38.2	2.7	0.6
农业银行	5809	15.2	3.0	0.1
交通银行	4678	31.1	5.6	0.6
招商银行	2003	7.8	3.4	0.0
中信银行	1672	40.8	2.8	0.5
民生银行	1829	-20.2	3.1	-2.0
兴业银行	169	-70.1	0.3	-0.8
浦发银行	1189	-13.7	2.0	-0.7
光大银行	1263	-4.6	3.1	-1.0
华夏银行	159	-48.8	0.7	-0.9
平安银行	975	27.2	3.3	0.2
5大行合计	23208	16.4	2.5	0.1
8家股份制银行合计	9257	-4.3	2.4	-0.5
13行合计	32465	9.6	2.5	-0.1

数据来源：各家上市银行年报。

2016年，13行买入返售类款项显著下降44.5%至2.13万亿元，其中五大行下降29.6%至1.36万亿元，8家股份制银行下降59.6%至0.77万亿元。其中，浦发银行和平安银行的降幅超过90%（见表4–11）。

表4–11　2016年13行买入返售余额及增速

单位：亿元，%，百分点

银行	余额	增速	占总资产比重	占比变化
工商银行	7556	-24.2	3.1	-1.4
建设银行	1032	-66.8	0.5	-1.2
中国银行	1101	43.7	0.6	0.2
农业银行	3231	-31.5	1.7	-1.0
交通银行	680	-10.8	0.8	-0.3
招商银行	2787	-19.0	4.7	-1.6
中信银行	1708	23.3	2.9	0.2
民生银行	905	-84.1	1.5	-11.1
兴业银行	279	-87.6	0.5	-3.8
浦发银行	30	-97.3	0.1	-2.1
光大银行	670	-56.2	1.7	-3.2
华夏银行	1220	-50.3	5.2	-7.0
平安银行	89	-92.4	0.3	-4.4
5大行合计	13600	-29.6	1.5	-0.9
8家股份制银行合计	7689	-59.6	2.0	-3.8
13行合计	21289	-44.5	1.6	-1.7

数据来源：各家上市银行年报。

二、2016年上市银行负债业务发展情况分析

2016年，13行负债规模稳步增长，存款占比逐年下降，已较2011年下降将近10个百分点。在存款分流压力下，银行不断加大主动负债力度。

（一）存款业务分析

1. 存款增势好于上年

2016年，客户存款增势较好，13行客户存款增长9.9%至87.6万亿元，增速较上年提

高2.3个百分点。其中，五大行增长10.4%至65.9万亿元，8家股份制银行增长8.1%至21.6万亿元（见表4-12）。

表4-12　2016年13行客户存款及增速

单位：亿元，%，百分点

银行	余额	增速	占总负债比重	占比变化
工商银行	178253	9.5	80.5	0.7
建设银行	154029	12.7	79.5	-1.4
中国银行	129397	10.3	77.7	1.8
农业银行	150380	11.1	82.4	0.7
交通银行	47286	5.4	60.9	-6.9
招商银行	38020	6.4	68.6	-1.2
中信银行	36393	14.3	65.6	-0.7
民生银行	30822	12.8	55.6	-9.3
兴业银行	26948	8.5	47.0	-2.8
浦发银行	30020	1.6	54.7	-7.8
光大银行	21209	6.4	56.3	-11.5
华夏银行	13683	1.2	62.1	-9.0
平安银行	19218	10.8	69.9	-4.1
5大行合计	659346	10.4	78.3	-0.3
8家股份制银行合计	216314	8.1	59.2	-5.3
13行合计	875659	9.9	72.5	-2.0

数据来源：各家上市银行年报。

2. 存款活期化趋势延续

2016年，13行活期存款增长21%至45.2万亿元；定期存款增长2%至39.8万亿元。其中，五大行、招商银行、中信银行的活期存款占比均在50%以上（见表4-13）。

表4-13　2016年13行客户存款情况（期限维度）

单位：亿元，%

银行	活期存款			定期存款		
	余额	增速	占比	余额	增速	占比
工商银行	89921	13.8	50.4	85967	5.6	48.2
建设银行	81317	19.6	52.8	68039	5.3	44.2
中国银行	67213	28.7	51.9	60924	3.6	47.1

续表

银行	活期存款			定期存款		
	余额	增速	占比	余额	增速	占比
农业银行	84279	18.4	56.0	60572	5.0	40.3
交通银行	24482	20.7	51.8	22756	-7.2	48.1
招商银行	23928	19.5	62.9	14092	-10.2	37.1
中信银行	19168	40.2	52.7	17153	-5.2	47.1
民生银行	13088	35.9	42.5	17540	-0.2	56.9
兴业银行	11850	11.4	44.0	13124	14.2	48.7
浦发银行	13761	26.7	45.8	13529	-10.8	45.1
光大银行	8406	27.1	39.6	11722	-4.0	55.3
华夏银行	6748	12.3	49.3	5297	-2.9	38.7
平安银行	7979	45.4	41.5	7286	-5.5	37.9
5大行合计	347212	19.4	52.7	298259	3.9	45.2
8家股份制银行合计	104928	26.5	48.5	99743	-3.5	46.1
13行合计	452139	21.0	51.6	398002	2.0	45.5

数据来源：各家上市银行年报。

3. 储蓄与公司存款比例较为稳定

从客户维度看，2016年13行储蓄存款增长9.5%至35.5万亿元，公司存款增长12.6%至49.5万亿元。近五年，13行储蓄/公司存款比例较为稳定，储蓄存款占比保持在40%左右（见表4-14、表4-15）。

表4-14　2016年13行客户存款情况（客户类别维度）

单位：亿元，%

银行	储蓄存款			公司存款		
	余额	增速	占比	余额	增速	占比
工商银行	81403	7.1	45.7	94485	12.0	53.0
建设银行	69272	8.8	45.0	80085	16.2	52.0
中国银行	60924	23.5	47.1	67213	9.0	51.9
农业银行	88151	9.3	58.6	56699	17.6	37.7
交通银行	15176	4.6	32.1	32062	5.8	67.8
招商银行	12846	6.1	33.8	25175	6.6	66.2
中信银行	5580	3.1	15.3	30740	16.7	84.5
民生银行	5405	-5.5	17.5	25222	17.4	81.8
兴业银行	3509	-5.4	13.0	21465	16.6	79.7
浦发银行	4738	-5.6	15.8	22552	7.3	75.1

续表

银行	储蓄存款			公司存款		
	余额	增速	占比	余额	增速	占比
光大银行	3597	6.1	17.0	16532	7.1	77.9
华夏银行	2395	-0.9	17.5	9649	6.7	70.5
平安银行	2429	-4.4	12.6	12836	20.5	66.8
5大行合计	314926	10.8	47.8	330545	12.6	50.1
8家股份制银行合计	40499	0.5	18.7	164172	12.4	75.9
13行合计	355425	9.5	40.6	494716	12.6	56.5

数据来源：各家上市银行年报。

表4-15　2012—2016年13行客户存款结构变化

单位：%

	2012年	2013年	2014年	2015年	2016年
储蓄存款占比	41.9	41.4	45.0	40.7	40.6
公司存款占比	54.7	55.1	55.0	55.1	56.5

数据来源：各家上市银行年报。

四大行存款占比高出股份制银行近20个百分点，核心负债优势明显（见表4-16）。

表4-16　2016年13行存款占比比较

单位：%

银行	2016年占比	较上年同期变动幅度
工商银行	80.5	0.7
农业银行	82.4	0.8
中国银行	77.7	1.8
建设银行	79.5	-1.3
交通银行	60.9	-6.9
中信银行	65.6	-0.7
光大银行	56.3	-11.5
华夏银行	62.1	-8.9
民生银行	55.6	-9.3
招商银行	68.6	-1.2
兴业银行	47.0	-2.8
平安银行	69.9	-4.1

数据来源：各家上市银行年报。

（二）同业往来负债业务分析

2016年，13行同业存款增长1.8%至14.3万亿元，同业拆入余额增长12.7%至2.5万亿元，其中五大行增长2.7%至1.7万亿元，8家股份制银行增长38.1%至0.9万亿元。股份制银行同业拆入资金增速显著高于大型银行（见表4–17、表4–18）。

表4–17　2016年13行同业存款余额及增速

单位：亿元，%，百分点

银行	余额	增速	占总资产比重	占比变化
工商银行	15167	–15.2	6.8	–1.9
建设银行	16130	12.1	8.3	–0.2
中国银行	14205	–19.5	8.5	–2.9
农业银行	11560	–5.4	6.3	–1.0
交通银行	12540	3.3	16.1	–2.2
招商银行	5556	–21.9	10.0	–3.9
中信银行	9814	–8.2	17.7	–4.6
民生银行	13076	42.1	23.6	1.7
兴业银行	17210	–2.5	30.0	–5.4
浦发银行	13420	28.7	24.5	2.4
光大银行	8304	53.5	22.0	3.7
华夏银行	2251	–16.7	10.2	–4.0
平安银行	3924	26.1	14.3	1.0
5大行合计	69602	–6.3	8.3	–1.5
8家股份制银行合计	73555	10.9	20.1	–1.3
13行合计	143157	1.8	11.9	–1.3

数据来源：各家上市银行年报。

表4–18　2016年13行同业拆入余额及增速情况

单位：亿元，%，百分点

银行	余额	增速	占总资产比重	占比变化
工商银行	5001	4.7	2.3	–0.1
建设银行	3225	0.3	1.7	–0.2
中国银行	1864	–29.5	1.1	–0.6
农业银行	3020	–4.4	1.7	–0.2
交通银行	3543	46.5	4.6	0.9
招商银行	2489	39.2	4.5	1.0
中信银行	837	70.0	1.5	0.5
民生银行	1004	42.6	1.8	0.1
兴业银行	1300	25.4	2.3	0.2

续表

银行	余额	增速	占总资产比重	占比变化
浦发银行	971	-2.5	1.8	-0.3
光大银行	955	58.4	2.5	0.5
华夏银行	731	14.0	3.3	-0.1
平安银行	526	333.1	1.9	1.4
5大行合计	16654	2.7	2.0	-0.2
8家股份制银行合计	8813	38.1	2.4	0.4
13行合计	25467	12.7	2.1	

数据来源：各家上市银行年报。

（三）应付债券业务分析

2016年，13行应付债券余额增长44.3%至5.2万亿元，其中五大行增长14.9%至1.8万亿元，8家股份制银行增长66.9%至3.4万亿元。应付债券占负债的比重逐年提升，银行负债更为多元化（见表4-19）。

表4-19　2016年13行应付债券余额及增速情况

单位：亿元，%，百分点

银行	余额	增速	占总资产比重	占比变化
工商银行	3579	16.7	1.6	0.1
建设银行	4516	8.7	2.3	-0.1
中国银行	3623	28.1	2.2	0.3
农业银行	3882	1.4	2.1	-0.2
交通银行	2295	34.9	3.0	0.4
招商银行	2751	9.4	5.0	0.0
中信银行	3869	33.8	7.0	1.0
民生银行	3984	119.8	7.2	2.9
兴业银行	7140	72.1	12.5	4.1
浦发银行	6647	66.2	12.1	3.7
光大银行	4125	96.4	10.9	3.8
华夏银行	2682	300.9	12.2	8.7
平安银行	2635	23.7	9.6	0.5
5大行合计	17895	14.9	2.1	0.1
8家股份制银行合计	33832	66.9	9.3	2.7
13行合计	51727	44.3	4.3	0.9

数据来源：各家上市银行年报。

三、2016年上市银行中间业务发展情况分析①

2016年13行继续大力拓展中间业务，手续费佣金收入占营业收入的比重继续上升，但增速较2015年显著下降。其中，结算与清算、理财、投行等中间业务的发展均面临一定挑战。

（一）传统中间业务增长分化，银行卡业务贡献最大

银行卡业务是手续费佣金收入最重要的来源之一，也是上市银行业务创新最活跃的领域。在银行卡发卡量和消费额增长的带动下，2016年13行银行卡业务手续费及佣金收入合计2327亿元，占手续费及佣金收入总和的27%。部分股份制银行的银行卡收入增势迅猛，如浦发银行、华夏银行，收入增速高达89.6%、61.4%（见表4-20）。

表4-20　2016年13行银行卡业务手续费及佣金收入情况

单位：亿元，%，百分点

银行	银行卡业务收入	增速	占手续费佣金收入比	占比变化
工商银行	376.7	0	22.9	-0.4
建设银行	376.5	7.7	29.4	0.7
中国银行	240.5	-0.7	24.5	0.5
农业银行	201.1	-2.8	19.9	-2.9
交通银行	137.9	-0.9	34.6	-1.8
招商银行	110.8	15.9	16.8	0.2
中信银行	193.2	44.0	42.6	6.9
民生银行	168.1	10.1	29.9	2.2
兴业银行	79.5	24.6	20.5	1.6
浦发银行	126.7	89.6	29.3	6.5
光大银行	142.1	13.8	47.5	2.5
华夏银行	50.0	61.4	31.0	8.0
平安银行	124.0	34.7	39.6	7.9
5大行合计	1332.7	1.4	25.1	-0.6
8家股份制银行合计	994.4	30.7	30.4	3.6
13行合计	2327.1	12.1	27.1	1.0

注：由于各行口径不尽一致，以上数据仅供参考。交行数据包括“支付结算与银行卡”。

数据来源：各家上市银行年报。

① 由于此部分各行披露数据口径并不一致，故经过一定数据调整后进行比较分析，可能与实际情况存在一定偏差，但不影响基本结论。受数据可得性限制，本部分只对部分中间业务进行了分析。

从发卡数量看，2016年末工商银行信用卡发卡量达1.2亿张，是发卡量最大的银行；建设银行新增信用卡最多，为1333万张，其次是招商银行1114万张、工商银行1109万张（见表4-21）。

表4-21　13行信用卡及借记卡发卡量情况

单位：万张

银行	信用卡累计发卡	信用卡新增发卡量	借记卡累计发卡量
工商银行	12000	1109	7036
建设银行	9407	1333	10600
中国银行	—	—	2196
农业银行	6863	1025	6766
交通银行	5043	728	1201
招商银行	8031	1114	697
中信银行	3738	701	—
民生银行	2834	474	—
兴业银行	2082	533	—
浦发银行	2758	—	687
光大银行	3596	763	395
华夏银行	1154	373	268
平安银行	—	838	—

数据来源：各家上市银行年报。

（二）结算与清算收入增长乏力

2016年，披露数据的11家上市银行共实现结算与清算手续费及佣金收入993亿元，有6家银行出现了收入负增长。究其原因：一是部分银行开展了汇款免费等优惠让利活动；二是支付宝、微信等第三方支付机构分流了部分支付业务；三是受外部经济影响，国际结算额有所下降（见表4-22、表4-23）。

表4-22　2016年13行结算与清算业务手续费及佣金收入

单位：亿元，%，百分点

银行	结算与清算业务收入	增速	占手续费佣金收入比	占比变化
工商银行	261.1	−6.7	15.9	−1.5
建设银行	202.0	1.7	15.8	−0.6

续表

银行	结算与清算业务收入	增速	占手续费佣金收入比	占比变化（百分点）
中国银行	111.1	-6.5	11.3	-0.5
农业银行	267.1	0.1	26.5	-3.0
交通银行	—	—	—	—
招商银行	65.3	70.3	9.9	3.2
中信银行	14.0	-20.1	3.1	-1.6
民生银行	24.0	-5.0	4.3	-0.3
兴业银行	8.1	23.7	2.1	0.1
浦发银行	8.6	-11.8	2.0	-1.3
光大银行	9.3	-28.8	3.1	-1.6
华夏银行	—	—	—	—
平安银行	22.2	14.5	7.1	0.4
5大行合计	841.3	-2.6	15.8	-1.0
8家股份制银行合计	151.5	16.6	4.6	0
13行合计	992.8	-0.1	11.6	-0.9

注：由于各行口径不尽一致，以上数据仅供参考。

数据来源：各家上市银行年报。

表4-23 部分银行国际结算额及增长情况

单位：亿美元，%

银行	国际结算额	增速
工商银行	25000	-3.8
建设银行	12700	-1.6
中国银行	36300	-8.8
农业银行	8740	-12.7
交通银行	5915	-8.5
招商银行	5407	-8.5
中信银行	2124	-45.7
兴业银行	685	-44.1

数据来源：各家上市银行年报。

（三）理财及代理业务收入增长稳定，理财余额快速扩张

2016年，13行共实现理财及代理手续费收入2549.3亿元，增长15%，占手续费及佣金收入的29.7%。披露数据的11家银行管理的理财产品余额共计18万亿元，其中工商银行最

高，为2.7万亿元，其次为招商银行（2.4万亿元）和建设银行（2.1万亿元）。多家股份制银行理财余额增速在20%以上（见表4–24、表4–25）。

表4–24　2016年13行理财及代理手续费收入情况

单位：亿元，%，百分点

银行	理财及代理业务收入	增速	占手续费佣金收入比	占比变化
工商银行	599.7	6.7	36.4	1.7
建设银行	405.6	17.7	31.7	3.3
中国银行	241.8	–1.2	24.6	0.3
农业银行	393.8	32.9	39.1	6.3
交通银行	46.4	36.2	11.6	2.7
招商银行	131.2	–3.2	19.9	–3.7
中信银行	132.4	39.1	29.2	3.9
民生银行	156.5	–1.7	27.8	–1.1
兴业银行	45.4	33.7	11.7	1.6
浦发银行	148.1	48.0	34.3	0.1
光大银行	93.3	10.7	31.2	0.8
华夏银行	76.8	8.3	47.6	–5.1
平安银行	78.4	38.4	25.0	5.5
5大行合计	1687.3	13.9	31.7	2.8
8家股份制银行合计	862.1	17.2	26.4	0.4
13行合计	2549.3	15.0	29.7	1.8

注：各行口径不尽一致，以上数据仅供参考。交行数据包括"代理类"手续费及佣金收入。

数据来源：各家上市银行年报。

表4–25　2016年部分上市银行理财产品余额及增速

单位：亿元，%

银行	本行管理的理财产品	
	余额	增速
工商银行	27029.4	3.3
建设银行	21251.1	31.4
中国银行	15121.0	36.6
农业银行	16312.0	3.4
招商银行	23800.0	30.7
中信银行	10312.9	20.8
民生银行	14278.2	34.9

续表

银行	本行管理的理财产品	
	余额	增速
兴业银行	13831.0	-3.9
浦发银行	15412.0	62.2
光大银行	13600.0	11.5
平安银行	9264.0	24.9

数据来源：各家上市银行年报。

（四）资产托管业务发展较快，各行均保持两位数增长

2016年，13行资产托管业务贡献手续费及佣金收入合计937亿元，增长22.6%。各行托管资产规模均有较快增长，增速超过30%的有7家银行。其中，托管规模最大的为工商银行（14.1万亿元），其次为招商银行（10.17万亿元）和建设银行（9.25万亿元）（见表4-26、表4-27）。

表4-26　2016年13行托管业务手续费及佣金收入情况

单位：亿元，%，百分点

银行	资产托管	增速	占手续费佣金收入的比重	占比变化
工商银行	68.9	24.3	4.2	0.8
建设银行	111.7	12.4	8.7	0.6
中国银行	34.0	-7.6	3.5	-0.2
农业银行	31.2	9.2	3.1	-0.1
交通银行	125.0	28.9	31.3	6.0
招商银行	233.6	33.1	35.4	4.9
中信银行	25.7	15.2	5.7	-0.3
民生银行	150.7	27.7	26.8	5.4
兴业银行	43.5	0.7	11.2	-1.6
浦发银行	60.2	92.8	13.9	3.3
光大银行	16.1	-7.2	5.4	-0.9
华夏银行	8.9	-14.6	5.5	-2.2
平安银行	27.5	-6.6	8.8	-1.4
5大行合计	370.9	16.9	7.0	0.8
8家股份制银行合计	566.1	26.6	17.3	1.5
13行合计	937.0	22.6	10.9	1.3

注：由于各行口径不尽一致，以上数据仅供参考。交行数据包括“管理类”手续费及佣金收入。

数据来源：各家上市银行年报。

表4-27　2016年部分上市银行托管资产规模及增速

单位：亿元，%

银行	托管资产总规模	
	余额	增速
工商银行	141000	22.6
建设银行	92500	29.0
中国银行	80000	16.6
农业银行	90039	26.0
交通银行	70096	25.7
招商银行	101700	42.1
中信银行	65697	35.3
民生银行	70714	51.5
浦发银行	75600	51.8
光大银行	44326	31.4
华夏银行	21733	66.3
平安银行	54600	48.0

数据来源：各家上市银行年报。

（五）投资银行业务收入连续负增长，盈利贡献下降

受经济下行、实行新版服务价目表等因素影响，2015年上市银行投行业务表现不佳，2016年仍未扭转局面。根据披露相关信息的11家上市银行数据，其中8家银行投行业务收入负增长，9家银行投行业务收入占手续费收入比重下降（见表4-28）。

表4-28　2016年部分上市银行投资银行业务收入及占比

单位：亿元，%，百分点

银行	投资银行	增速	占手续费佣金收入比	占比变化
工商银行	250.2	-6.6	15.2	-1.4
建设银行	113.7	-16.8	8.9	-2.4
中国银行	57.0	-1.0	5.8	0.1
农业银行	90.5	1.8	9.0	-0.8
交通银行	53.1	-29.0		-19.5
中信银行	57.8	-17.1	12.7	-5.8
民生银行	6.2	-78.3	1.1	-4.1
兴业银行	152.4	15.1	39.4	0.0

续表

	投资银行	增速	占手续费佣金收入比	占比变化
浦发银行	37.1	15.1	8.6	–2.4
光大银行	14.4	–4.6	4.8	–0.6
平安银行	39.6	–24.5	12.7	–5.4
合计	872.0	–8.8	10.2	–1.9

数据来源：各家上市银行年报。

四、2017年上市银行业务发展的外部环境分析

（一）宏观经济有所回升，但基础尚不稳固，在提供业务机遇的同时增强业务发展的不确定性

具体业务挑战表现在：一是风险继续由中小企业向大企业、由东部向中西部转移，经济回升呈现区域分化态势，银行在部分区域、部分业务条线的业务风险有所上升；二是经济增长新动力不足，商业银行拓展新兴产业存在较大风险且市场空间较为有限；三是经济结构的深层次调整将使部分企业的风险不断暴露；四是房地产调控的加强将使房贷相关业务降速；五是流动性维系紧平衡，银行将加强核心负债争夺，主动负债压力加大，部分中小银行流动性风险上升；六是国际经营环境复杂，将使上市银行国际化业务拓展难度进一步加大，汇率风险上升。

（二）监管环境的重大变化给商业银行的业务拓展与创新带来深远影响，“强监管”促使金融业务回归本源

短期影响可能包括：银行同业、理财、委外等业务降速、收缩甚至停办，短期内将影响相应收益。以资管业务为例，比如关于禁止期限错配的要求，将影响新增非标资产投资；关于投资集中度的限制，将影响新增债券的投资；关于禁止多层嵌套的要求，将影响新增股权和对冲基金投资等。但从长期影响看，本轮高强度的监管整治有助于强化对金融机构经营活动的资本、流动性等约束，监管体系的变革更将带来监管标准的统一与监管机构的协同，从而有效抑制监管套利，促使银行将精力投入到真正提高社会福

利、企业经营效率的金融业务创新上，使金融业务回归服务实体经济的本源，继而提升整个行业的竞争实力。

（三）国家重大战略推进，提供项目储备与业务机会

首先，在“一带一路”重大合作倡议下，“共商、共建、共享”理念日益深入人心，金融作为中国与“一带一路”沿线国家政策沟通、设施联通、贸易畅通、资金融通、民心相通的“牛鼻子”，不仅是建设资金需求的重要提供者，还将通过提供融资顾问、投行财务顾问、股权债权产品、租赁、风险管理等各类服务，并通过这些服务引导“一带一路”建设向纵深发展。其次，京津冀协同发展战略撬动的资本量巨大，疏解北京非首都功能、加快北京城市副中心建设、千年大计的河北雄安新区建设，推进京津冀交通一体化建设、加强生态环境保护、推动产业升级转移等，都将为银行业带来大量的业务机会，亦可能成为银行改写区域发展格局的历史性契机。最后，新的长江经济带战略所覆盖的区域由原来的七省二市扩大至九省二市，长江黄金水道建设、综合立体交通走廊建设、全面推进新型城镇化建设等，都为银行业提供了丰富的项目储备。

（四）资本市场向纵深发展，脱媒同时提供新业务空间

2017年，中国资本市场将继续发展完善，向着市场化、法治化、国际化方向发展，直接融资比例将继续提升，对银行的信贷、存款进行分流。但资本市场的发展给上市银行提供了新的业务空间。譬如同业存款、企业机构大额存款业务面临发展机遇；融资融券、证券质押贷款等支持金融市场和金融交易的新型融资业务将获得发展契机；银行可通过金融债券、资产证券化等金融创新手段满足融资需求，优化资金来源结构，提升主动负债能力。此外，资本市场的双向开放也将为商业银行带来更大业务空间，比如“债券通”，将使投资者类型进一步丰富、数量继续增加，有助于商业银行通过开展多元化筹资来完善自身的治理结构，同时由于投资债券品种的多样化，银行可以优化资产结构，改善收益结构，增强资产的流动性和盈利性，还将有助于进一步盘活银行资管现有资产池，拓展资管产品的设计空间和运营模式，更全面地覆盖不同类型客户的多元化需求。

（五）跨界冲击带来业务分流，竞合发展催生银行嬗变

2017年，包括互联网巨头在内的互联网公司发起的跨界冲击出现一些新的变化，

业务分流的影响正由零售业务向财富与资产管理、资本市场等领域快速扩展，互联网巨头和商业银行之间的竞争亦由单一业务层面上升至平台生态层面，将对商业银行产生更大的冲击。但与此同时，这种压力将促使银行加大业务创新的紧迫性，增加科技投入，并在与科技公司的合作中，推出新金融产品、新营销模式与新服务模式，同时实现自身的进化。在互联网金融行业的整治过程中，也有一些诸如资金存管等新业务机遇显现出来，为商业银行提供了新的中间业务收入来源。

五、2017年上市银行部分重点业务[①]创新发展趋势预判

（一）信用卡：打造闭环生态，跨界合作挖掘更多支付场景

一是将加强与餐饮、娱乐、超市、百货等特惠收单商户合作，共同打造闭环的消费金融生态圈；二是借助Apple Pay、HCE、三星Pay、华为Pay等新技术手段，提升信用卡移动支付能力；三是持续深入打造诸如中行“缤纷生活”、招行“掌上生活”等手机客户端，加强消费场景经营，深耕流量和粘度经营；四是拓展“互联网+”场景获客模式，丰富在线申请、在线审批、在线客服等功能，为客户提供便捷、安全的应用体验；五是与腾讯、百度、阿里、京东等新金融伙伴合作，挖掘不断涌现的新用卡场景。

（二）投行业务：借助资本市场发展良机，拓展新业务品种

一是在财务顾问业务发展趋于谨慎和强调质量的同时，并购融资、权益融资、银团贷款、投行类理财和资产管理等新兴投行业务的比重将明显上升，投行业务产品线将更趋丰富；二是将更加注重分析客户对象的个性化需求，为其量身定制一站式、一揽子的投行综合解决方案，为客户创造更大价值，同时整合银行的投行业务资源，开拓全方位的投行业务增收渠道；三是重塑财务顾问业务品牌，对现有投行人才队伍进行充实、整顿和提高，设计科学规范的业务流程、审批程序和绩效考核机制，对现有人员进行职业精神和专业技能方面的培训。内部制度将进一步规范， 人才队伍建设将进一步加强；四

① 本书资产负债分报告已经对资产负债业务的发展趋势进行了预判，本部分重点针对部分中间业务及新型业务的创新发展趋势进行分析。

是集中整合保险、基金、投行等牌照资源，通过信贷+非信贷、境内+境外以及金融+非金融的综合服务，以更多触角满足客户的多元化需求，有效粘住客户，变客户为粉丝，推进跨行业、跨体系的更广意义上的综合化服务。

（三）资管业务：回归代客理财本源，提升投研能力

一是将推进资管业务转型，坚持大类资产配置方向，提升标准化资产投资能力与规模占比，由预期收益型产品，经结构性产品逐步过渡到净值型产品，由固定收益投资向权益投资、另类投资倾斜，并探索搭建产品交易平台；二是抓住供给侧改革、产业基金、PPP项目、政府购买服务等机遇，加强资管与投行业务的联动对接，拓展优质资产池；三是加强对前沿技术的跟踪与利用，重视大数据在客户分层和需求分析中的应用，不断创新完善智能投顾产品；四是更加重视海外投资中国金融市场的需求，通过独资、合资、战略合作等方式拓展境外业务，实现全球资产配置；五是加快提升银行自身的投研能力，加强队伍建设，构建全方位研究支持体系。

（四）同业业务：业务内涵、模式将向更为广义、开放方向发展

一是业务模式将由资产持有型向交易型转变。银行未来可能将提高同业资产中资产证券化的配置，同时同业业务模式将向更全面、纵深的方向发展，实现投行、资产管理、投资交易业务模式的交叉与融合。二是以金融机构间密切合作为基础的互联网金融平台将成为商业银行同业业务创新的一个重要方向，在平台上挖掘和大力发展“轻资本”业务，将降低商业银行承担的直接风险，助力同业业务的轻型转型。三是同业业务内涵将不断拓展，朝更加广义、开放化的方向发展，在风险可控的前提下，商业银行将探索加大标准化的金融市场业务与狭义的同业业务相结合、寻找业务合作空间。

执笔：胡婕、王雅娟、徐强

第五章　上市银行[1]信用风险分析与展望

2016年，上市银行信贷资产质量总体保持平稳，不良贷款规模和不良贷款率上升势头放缓，逾期和关注类贷款比率下降，正常贷款的质量下迁速度下降，不良贷款处置提速，部分行业和地区不良率上升幅度得到遏制，但不良贷款整体压力仍然较大，一些潜在风险压力或隐患仍有待解决，不良贷款反弹压力犹存，加之持债风险上升，银行损失吸收能力仍有一定的压力。2017年以来，中国经济稳中向好态势趋于明显，货币环境保持平稳，监管强度不断升级，这些将有利于银行体系更好地消化信用风险，预计信用风险整体可控。

防范金融风险、维护国家金融安全是当前以及今后一个时期我国金融工作的一项重点任务。一般而言，上市银行面临的风险主要有信用风险、市场风险、操作风险等三类，近年来，影子银行风险、互联网金融风险等一些新型风险也给上市银行带来了新的挑战。但总体上看，信用风险仍是上市银行风险管理面临的主要矛盾。防范系统性金融风险，首先要抓好信用风险。

一、2016年信用风险状况

2016年，上市银行信用风险状况可以用五个“改善”和三个“挑战”予以概括。

① 本部分所分析的上市银行样本是指在A股上市3年以上，具有较为连续财务数据披露的16家银行，包括：五大行（工商银行、农业银行、中国银行、建设银行、交通银行）、股份制银行（招商银行、浦发银行、兴业银行、民生银行、光大银行、中信银行、华夏银行、平安银行）和城市商业银行（北京银行、南京银行和宁波银行）。

（一）五个"改善"

一是不良贷款规模和不良贷款率上升势头放缓。2016年末，上市银行不良贷款规模合计达11593亿元，同比增长16.16%，增速较2015年下降32.15个百分点。同期，上市银行不良贷款率为1.58%，较2015年提高0.11个百分点，增幅较2015年下降0.23个百分点。五大行增速降幅最为明显，规模和不良率增幅分别下降了0.36个百分点和0.41个百分点；股份制银行降幅紧随其后，分别下降0.21个和0.22个百分点，城市商业银行则分别下降了0.11个和0个百分点（见表5-1）。

表5-1 上市银行不良贷款率和不良贷款规模

单位：亿元，%

银行	不良贷款率			不良贷款规模		
	2014年	2015年	2016年	2014年	2015年	2016年
工商银行	1.13	1.50	1.62	1244.97	1795.18	2118.01
农业银行	1.54	2.39	2.37	1249.70	2128.67	2308.34
中国银行	1.18	1.43	1.46	1004.94	1308.97	1460.03
建设银行	1.19	1.58	1.52	1131.71	1659.80	1786.90
交通银行	1.25	1.51	1.52	430.17	562.06	624.00
招商银行	1.11	1.68	1.87	279.17	474.10	611.21
浦发银行	1.06	1.56	1.89	215.85	350.54	521.78
中信银行	1.30	1.43	1.69	284.54	360.50	485.80
兴业银行	1.10	1.46	1.65	175.44	259.83	344.16
民生银行	1.17	1.60	1.68	211.34	328.21	414.35
光大银行	1.19	1.61	1.60	155.25	243.75	287.02
华夏银行	1.09	1.52	1.67	102.45	162.97	203.48
平安银行	1.02	1.45	1.74	105.01	176.45	257.02
北京银行	0.86	1.12	1.27	57.83	86.55	114.26
南京银行	0.94	0.83	0.87	16.39	20.82	28.96
宁波银行	0.89	0.92	0.91	18.63	23.62	27.65
上市银行	1.13	1.47	1.58	6683.39	9942.01	11592.97
五大行	1.26	1.68	1.70	5061.49	7454.68	8297.28
股份行	1.13	1.54	1.72	1529.05	2356.35	3124.82
城商行	0.90	0.96	1.02	92.85	130.98	170.87

数据来源：Wind资讯，作者整理。

二是逾期和关注类贷款比率不断下降。逾期和关注类贷款是形成不良贷款的潜在资产，其变动情况能前瞻性反映资产质量的前景。2016年，上市银行逾期贷款和关注类贷款规模分别为13507.2亿元和17480.7亿元，它们在贷款中的占比分别为2.45%和3.17%，较2015年下降了0.15个和0.01个百分点，增幅分别较2015年下降0.73个和0.40个百分点。其中，股份制银行逾期和关注类贷款占比下降最快，分别下降了0.57个百分点和0.23个百分点。五大行其次，其逾期贷款占比下降了0.13个百分点；关注类贷款占比上升了0.06个百分点。城市商业银行相对落后，逾期和关注类贷款占比分别上升0.37个和0.16个百分点（见表5-2）。

表5-2　上市银行逾期贷款和关注类贷款占比

单位：亿元，%

银行	逾期贷款			关注类贷款		
	2014年	2015年	2016年	2014年	2015年	2016年
工商银行	2105.78	3326.98	3461.27	3197.84	5204.92	5840.11
农业银行	1666.20	2795.12	2746.35	3111.73	3744.32	3773.48
中国银行	1259.36	1790.27	2145.91	2006.54	2291.65	3106.30
建设银行	1332.16	1731.81	1780.99	2814.59	3029.17	3370.93
交通银行	812.47	1133.33	1081.83	919.03	1181.03	1237.41
招商银行	527.04	803.68	698.79	466.34	737.94	681.00
浦发银行	387.25	591.85	821.94	430.14	646.68	1055.04
中信银行	759.44	749.00	937.53	681.61	903.92	762.19
兴业银行	358.31	487.97	446.38	289.44	417.76	539.19
民生银行	496.86	807.15	861.54	359.02	755.47	922.81
光大银行	451.45	618.33	515.40	420.18	665.12	678.53
华夏银行	228.26	423.48	573.75	242.31	450.10	511.55
平安银行	459.95	574.27	606.25	369.49	504.82	607.03
北京银行	88.97	116.76	199.41	87.18	81.53	130.96
南京银行	24.93	33.81	56.27	39.16	48.14	63.94
宁波银行	40.62	44.29	34.86	37.19	45.28	40.31
上市银行	2.02	2.60	2.45	2.79	3.18	3.17
五大行	1.71	2.31	2.18	2.99	3.17	3.23
股份行	2.74	3.46	2.89	2.42	3.30	3.07
城商行	1.46	1.52	1.89	1.55	1.37	1.53

数据来源：Wind资讯，作者整理。

三是正常贷款的质量下迁速度下降。2016年，上市银行正常类贷款迁徙率为3.54%，较2015年下降0.29个百分点；关注类贷款迁徙率为34.94%，较2015年下降0.03个百分点；次级类贷款迁徙率为62.18%，较2015年提高2.58个百分点；可疑类贷款迁徙率为35.39%，较2015年下降0.91个百分点。其中，五大行正常类和关注类贷款迁徙率分别下降0.63个和0.67个百分点，次级类和可疑类贷款迁徙率分别上升3.17个和5.62个百分点；股份制银行正常类、关注类和可疑类贷款迁徙率分别下降0.13个、3.99个和3.17个百分点，次级类贷款上升4.48个百分点；城市商业银行正常类和可疑类贷款迁徙率分别下降0.43个和1.28个百分点；关注类和次级类贷款迁徙率分别上升11.91个和2.22个百分点（见表5–3）。

表5–3　上市银行贷款迁徙率

单位：%

银行	正常类贷款			关注类贷款			次级类贷款			可疑类贷款		
	2014年	2015年	2016年	2014年	2015年	2016年	2014年	2015年	2016年	2014年	2015年	2016年
工商银行	2.70	4.40	3.40	17.20	29.60	23.50	37.40	38.90	36.80	5.20	10.50	7.40
农业银行	3.60	4.96	3.00	4.99	18.28	24.86	42.53	86.94	89.23	10.10	10.35	9.55
中国银行	1.92	2.22	3.05	9.89	22.07	19.39	42.38	48.25	36.67	46.94	46.25	44.31
建设银行	2.70	3.08	2.57	10.19	20.58	21.23	78.28	84.72	76.97	15.73	17.55	26.20
交通银行	2.59	2.52	2.80	24.43	27.32	24.60	52.64	32.14	50.04	18.90	21.78	33.72
招商银行	4.14	5.07	3.65	25.47	42.17	42.42	64.60	55.61	75.86	36.62	30.12	49.08
浦发银行	3.35	5.19	7.21	46.29	49.40	50.17	71.86	31.10	73.14	12.89	50.58	67.56
中信银行	3.21	2.67	2.09	30.16	59.66	28.94	58.23	59.66	55.37	38.19	41.39	43.67
兴业银行	2.33	3.69	3.62	42.16	52.96	63.69	93.77	87.33	86.99	20.53	35.92	16.61
民生银行	3.05	4.59	5.23	16.67	27.19	22.48	12.30	23.69	60.97	14.57	52.01	38.81
光大银行	4.08	4.27	3.31	26.68	30.33	26.78	64.04	86.57	62.17	28.77	24.98	25.66
华夏银行	2.82	5.65	4.75	35.75	34.15	20.98	96.74	94.86	65.78	26.75	31.13	13.53
平安银行	4.74	6.92	7.14	20.16	29.13	37.56	55.68	49.42	43.83	98.29	85.27	71.14
北京银行	1.11	1.43	1.60	11.96	35.76	58.49	93.20	68.27	63.07	96.77	59.42	28.13
南京银行	1.20	1.30	1.28	17.86	46.19	48.87	51.27	42.03	64.75	43.21	44.68	65.04
宁波银行	4.50	3.38	1.95	42.56	34.77	45.09	54.99	64.06	53.20	49.65	18.81	25.90
上市银行	3.00	3.83	3.54	23.90	34.97	34.94	60.62	59.60	62.18	35.19	36.30	35.39
五大行	2.94	3.71	3.08	15.36	26.67	26.00	52.97	57.76	60.93	22.25	22.76	28.38
股份行	3.47	4.76	4.63	30.42	40.62	36.63	64.65	61.03	65.51	34.58	43.93	40.76
城商行	2.27	2.04	1.61	24.13	38.91	50.82	66.49	58.12	60.34	63.21	40.97	39.69

数据来源：Wind资讯，作者整理。

四是不良贷款处置提速，市场化处置方式取得新进展。2016年，上市银行普遍加大了贷款减值准备的计提力度，在这样的条件下，如果贷款减值准备增速呈下降趋势，可间接证明上市银行加大贷款核销力度①。2016年，上市银行贷款减值准备为7566.1亿元，同比增长16.08%，增速较2015年下降36.58个百分点②。其中，五大行贷款损失准备同比增长9.59%，增速较2015年下降0.27个百分点；股份制银行增速23.36%，较2015年下降0.53个百分点；城市商业银行贷款减值准备增长29.2%，增速较2015年下降47.7个百分点。2016年，工商银行、农业银行、中国银行等6家上市银行先后发行不良贷款支持证券15只，累计发行金额达156.1亿元。另外，工商银行、农业银行、中国银行和建设银行③分别出资100亿元人民币成立投资公司，积极开展“债转股”业务，促进不良贷款处置。

五是部分行业和地区不良率上升幅度得到遏制。从行业看，2016年末，部分上市银行④制造业不良贷款率为4.67%，较2015年提升1.07个百分点，但增幅较2015年下降0.01个百分点；批发零售业不良贷款率为7.19%，较2015年提升1.46个百分点，但增幅较2015年下降1.04个百分点。从区域看，前期不良贷款率整体较高地区的资产质量恶化速度趋缓，部分地区资产质量出现改善，如长三角地区。

（二）三个“挑战”

一是不良贷款整体压力仍然较大。尽管2016年上市银行的不良贷款、关注类贷款以及逾期贷款在总贷款中的占比均呈现下降趋势，但不良贷款实际压力仍然较大。例如，2016年上市银行关注类贷款/不良贷款的占比高达202%，而同期全球系统重要性银行（以下称G-SIBs）中主要商业银行的平均水平不到80%；2016年上市银行中的股份制银行逾期90天及以上贷款/不良贷款的比值在120%以上，而G-SIBs中主要商业银行的平均水平在80%~90%的范围之间。此外，从我国上市非金融企业的利息保障倍数来看，2016年我

① 以中国银行为例，2016 年中国银行新计提贷款减值准备 1274.36 亿元，其中本年核销及转出的规模达 524.76 亿元，占新增贷款减值准备的 41.18%。

② 据测算，2016 年上市银行贷款核销规模合计在 6000 亿元，约占计提贷款减值准备的 50% 以上，核销规模较 2015 年提高近 1000 亿元。

③ 建设银行集团主要以旗下的建信金融资产投资有限公司为主体进行出资。

④ 有 6 家银行公布了制造业相关数据，它们分别是农业银行、招商银行、兴业银行、浦发银行、中信银行和平安银行。

国A股利息保障倍数低于1的非金融企业数占比为9.59%[①]。这些证据表明，我国银行业资产质量仍然较为严峻。

二是损失吸收能力面临挑战。在不良贷款规模不断攀升的背景下，上市银行的拨备覆盖率和核心一级资本出现下降。2016年末，上市银行拨备覆盖率为198.45%，较2015年下降3.73个百分点。其中，五大行拨备覆盖率为154.75%，较2015年下降6.73个百分点；股份制银行为167.09%，较2015年下降9.32个百分点。2016年末，上市银行核心一级资本充足率、一级资本充足率和资本充足率平均分别为9.68%、10.50%和12.72%，分别较2015年下降0.25个百分点、上升0.07个百分点、上升0.01个百分点（见表5-4）。核心一级资本充足率下滑是由净息差下滑、债券市场大幅波动等一系列原因共同作用的结果，反映出银行核心损失吸收能力有所下降。

表5-4　上市银行资本充足率

单位：%

银行	资本充足率			一级资本充足率			核心一级资本充足率			拨备覆盖率		
	2014年	2015年	2016年	2014年	2015年	2016年	2014年	2015年	2016年	2014年	2015年	2016年
工商银行	14.53	15.22	14.61	12.19	13.48	13.42	11.92	12.87	12.87	206.90	156.34	136.69
农业银行	12.82	13.40	13.04	9.46	10.96	11.06	9.09	10.24	10.38	286.53	189.43	173.40
中国银行	13.87	14.06	14.28	11.35	12.07	12.28	10.61	11.10	11.37	187.60	153.30	162.82
建设银行	14.87	15.39	14.94	12.12	13.32	13.15	12.12	13.13	12.98	222.33	150.99	150.36
交通银行	14.04	13.49	14.02	11.30	11.46	12.16	11.30	11.14	11.00	178.88	155.57	150.50
招商银行	12.38	12.57	13.33	10.44	10.83	11.54	10.44	10.83	11.54	233.42	178.95	180.02
浦发银行	11.33	12.29	11.65	9.13	9.45	9.30	8.61	8.56	8.53	249.09	211.40	169.13
中信银行	12.33	11.87	11.98	8.99	9.17	9.65	8.93	9.12	8.64	181.26	167.81	155.50
兴业银行	11.29	11.19	12.02	8.89	9.19	9.23	8.45	8.43	8.55	250.21	210.08	210.51
民生银行	10.69	11.49	11.73	8.59	9.19	9.22	8.58	9.17	8.95	182.20	153.63	155.41
光大银行	11.21	11.87	10.80	9.34	10.15	9.34	9.34	9.24	8.21	180.52	156.39	152.02
华夏银行	11.03	10.85	11.36	8.49	8.89	9.70	8.49	8.89	8.43	233.13	167.12	158.73

① 利息保障倍数是指企业生产经营所获得的息税前利润与利息费用的比率，它是衡量企业支付负债利息能力的指标。该指标数越大，说明企业支付利息费用的能力越强。利息保障倍数低于1，说明企业的盈利已经不能覆盖其债务成本，偿债能力存在较大问题。

续表

银行	资本充足率			一级资本充足率			核心一级资本充足率			拨备覆盖率		
	2014年	2015年	2016年	2014年	2015年	2016年	2014年	2015年	2016年	2014年	2015年	2016年
平安银行	10.86	10.94	11.53	8.64	9.03	9.34	8.64	9.03	8.36	200.90	165.86	155.37
北京银行	11.08	12.27	12.20	9.16	9.14	9.44	9.16	8.76	8.26	324.22	278.39	256.06
南京银行	12.00	13.11	13.71	8.59	10.35	9.77	8.59	9.38	8.21	325.72	430.95	457.32
宁波银行	12.40	13.29	12.25	10.07	10.12	9.46	10.07	9.03	8.55	285.17	308.67	351.42
上市银行	12.30	12.71	12.72	9.80	10.43	10.50	9.65	9.93	9.68	233.01	202.18	198.45
五大行	14.03	14.31	14.18	11.28	12.26	12.41	11.01	11.70	11.72	216.45	161.13	154.75
股份行	11.39	11.63	11.80	9.06	9.49	9.67	8.94	9.16	8.90	213.84	176.41	167.09
城商行	11.83	12.89	12.72	9.27	9.87	9.56	9.27	9.06	8.34	311.70	339.34	354.93

数据来源：Wind资讯，作者整理。

三是存在一些潜在风险压力或隐患。主要体现在以下四个方面：

1. 存量不良贷款风险持续释放。2016年，上市银行次级贷款规模为4538.4亿元，在不良贷款中的占比为39.25%，较2015年下降7.18个百分点；可疑类贷款规模为4981.3亿元，在不良贷款中的占比为43.07%，较2015年提升2.37个百分点；损失类贷款规模为2045.1亿元，在不良贷款中的占比为17.68%，较2015年提高4.81个百分点（见表5-5）。不良贷款结构的恶化预示着银行不得不腾出更多的资源，如拨备和资本来应对存量“问题”资产。

表5-5 上市银行不良贷款结构

单位：亿元

银行	次级贷款			可疑贷款			损失贷款		
	2014年	2015年	2016年	2014年	2015年	2016年	2014年	2015年	2016年
工商银行	668.09	1048.05	1094.34	493.59	605.12	825.05	83.29	142.01	198.62
农业银行	350.52	477.55	575.50	756.69	1478.64	1515.87	142.49	172.48	216.97
中国银行	543.69	587.41	612.47	247.05	415.16	368.17	214.20	306.40	479.39
建设银行	550.59	924.52	714.12	482.39	601.60	825.05	98.73	133.68	247.73
交通银行	161.03	229.53	175.13	186.80	225.21	269.50	82.34	107.32	179.37
招商银行	173.43	312.33	243.09	75.80	110.50	222.96	29.94	51.27	145.16
浦发银行	119.49	198.23	206.25	79.56	95.42	157.81	16.80	56.89	157.72
中信银行	146.18	208.76	202.67	117.73	112.38	180.21	20.63	39.36	102.92

续表

银行	次级贷款			可疑贷款			损失贷款		
	2014年	2015年	2016年	2014年	2015年	2016年	2014年	2015年	2016年
兴业银行	93.12	113.31	174.96	60.82	95.60	120.68	21.50	50.92	48.52
民生银行	165.91	205.95	135.93	32.67	85.36	192.00	12.76	36.90	86.42
光大银行	86.85	111.09	113.67	48.64	105.72	140.78	19.76	26.94	32.57
华夏银行	24.24	61.36	77.61	55.52	66.04	92.15	22.69	35.57	33.72
平安银行	43.74	79.45	138.33	21.46	21.41	44.94	39.81	75.59	73.75
北京银行	15.00	31.66	57.90	10.73	15.17	16.75	32.10	39.72	39.61
南京银行	12.09	15.20	16.90	3.25	3.77	9.39	1.05	1.85	2.67
宁波银行	5.43	10.62	15.52	8.82	8.95	8.85	4.38	4.05	3.29
上市银行	47.32	46.42	39.25	40.10	40.70	43.07	12.57	12.87	17.68
五大行	44.93	43.83	38.22	42.80	44.61	45.84	12.27	11.56	15.93
股份行	55.78	54.77	41.36	32.19	29.39	36.85	12.03	15.85	21.79
城商行	35.03	43.88	52.86	24.56	21.29	20.48	40.42	34.83	26.67

数据来源：Wind资讯，作者整理。

2. 持债风险有所上升。2016年末，上市银行证券投资①规模为37.5万亿元，较2015年提高6.83万亿元，增幅为22.3%。其中，五大行证券投资规模为22.17万亿元，增速为10.19%；股份制银行证券投资规模为11.45万亿元，增速为10.46%；城市商业银行证券投资规模为1.63万亿元，增速为35.11%。目前，债券投资已成为部分上市银行资产端占比最高的资产，这些银行在债券市场具有较大的风险敞口。2016年，债券市场违约事件发生65起，是2015年的2.83倍；违约合计金额达403.24亿元，是2015年的3.92倍。银行持债规模提升、债券市场违约事件增多，意味着银行持债的信用风险有所上升。

3. 部分行业和地区的不良贷款压力较大。2016年，上市银行采矿业不良贷款增速整体较快，在公布相关信息的10家上市银行中，采矿业不良贷款增速平均在50%以上，个别银行甚至在200%以上；从地区来看，东北地区资产质量下滑的速度较为明显，部分银行的不良贷款增速超过200%。

4.个人按揭贷款头寸增速较快。2016年末，上市银行住房按揭贷款规模合计达15.98

① 证券投资规模是按照银行资产负债表中可供出售金融资产、持有至到期金融资产、应收款投资金融资产和交易类金融资产四项求和计算得到的。

万亿元，较2015年增加4.1万亿元，增速为34.57%。其中，股份制银行增速最快，2016年末规模达2.93万亿元，较2015年提高1.09万亿元，增速为59.97%；城市商业银行规模达0.21万亿元，较2015年提高0.07万亿元，增速为45.56%；五大行规模达12.83万亿元，较2015年提高2.94万亿元，增速为29.75%。上市银行个人按揭贷款增速远高于2016年人民币各项贷款13.5%的增速。个人按揭贷款增速过快，增加了银行体系对于房地产价格波动的敏感性，同时也加剧了房地产行业资产泡沫，使金融风险不断累积。

二、2017年信用风险展望

（一）市场环境有利于信用风险的化解

2017年以来，中国经济稳中向好的态势日渐明显，货币环境保持平稳，监管强度不断升级，这些都将有利于银行体系更好地消化信用风险：

第一，经济环境稳中向好。2017年上半年，中国经济增速保持合理期间，稳中向好的态势日益明显。笔者预计，2017年宏观经济将保持稳定健康发展，全年GDP增速在6.8%左右。稳健的经济环境将有利于改善微观主体的财务状况，提升其偿债水平，同时也为商业银行更好地化解信用风险提供了较好时机。

第二，货币环境保持平稳。2017年1~6月，央行通过公开市场操作净回笼资金7550亿元。2017年6月末，SHIBOR隔夜和SHIBOR7天利率分别为2.62%和2.85%，分别较年初提高41个基点和26个基点。互联网7天理财产品[①]收益率为4.28%，较2月初提高1.14个百分点；4~6月，AAA级3个月同业存单到期收益率平均为4.42%，较1~3月的平均水平提升0.25个百分点。资金市场整体的流动性趋于紧张，金融机构负债成本显著抬升，造成商业银行净息差下降。2017年第一季度，商业银行净息差水平为2.03%，较2016年底下降0.19个百分点。下半年，市场流动性将整体维持“紧平衡”状态，但进一步趋紧的概率不大，资金利率将可能走出稳中有降的态势。货币环境保持平稳，有利于改善实体经济的融资环境，稳定市场预期，降低微观主体投融资环节中的债务风险，增强金融体系的稳健性。

① 根据Wind资讯提供的互联网理财产品日报统计的结果。

第三，监管强度不断升级。2017年以来，“一行三会”联合出台多项政策集中整治同业业务、理财业务以及投资业务[①]。监管升级对金融市场产生了较大影响，银行同业存单发行、委外投资和应收款投资规模均出现不同程度下降，市场利率中枢不断抬升。从短期看，监管升级对银行规模扩张以及盈利增长将产生负面影响，部分银行会出现流动性紧张，融资成本抬升的压力；但从中长期看，监管强度提升有助于规范商业银行经营行为，引导银行业压低资金市场杠杆，消化潜在金融风险。

（二）2017年信用风险研判

2017年第一季度，16家上市银行不良贷款率为1.67%，较2016年底下降0.02个百分点，延续了2016年以来的向好趋势。综合当前银行业整体的经营环境，以及下半年的宏观经济、货币政策以及监管政策走势，笔者认为2017年下半年上市银行的信用风险整体可控，但一些风险点仍值得关注：

第一，不良贷款反弹压力犹存。当前，贷款造成的信用风险仍是银行需要应对的首要风险。2016年，银行业贷款信用风险压力呈现出减轻态势，贷款质量有边际向好趋势。2017年第二季度以来，经济增速呈现出下行压力，这对一些顺周期且前期经营出现回升行业的企业经营带来了负面影响，如煤炭、黑色金属、化工行业企业，这类企业的信用风险值得关注。受国家调控政策影响，“一二线”城市房地产市场出现“降温”，而“三四线”城市的房价则出现一轮补涨。房地产价格走势的分化、波动的加大，将可能对部分地区银行的房地产开发贷款以及个人按揭贷款的资产质量产生冲击。

第二，持有债券的风险提升。2016年下半年以来，债券市场价格大幅波动，风险集中释放。一方面，债券违约事件和违约规模不断增多，加大了持有债券的信用风险；另一方面，债券资信水平的波动会很快转化为市场风险，造成债券价格的大幅下降。价格下跌会造成银行出现当期亏损；另外，债券违约易产生较大的外溢效应，如造成市场利率抬升、流动性紧张等，这又会加剧金融机构的流动性风险。

第三，监管趋严将加大合规压力。随着监管的升级，2017年银行通过同业业务“绕

① 如银监会出台专项整治“违反金融法律、违反监管规则、违反内部规章”“监管套利、空转套利、关联套利”及“不当创新、不当交易、不当收费”等政策。

道”进入实体经济的资金规模将继续收缩，风险趋于下降。表外理财资金将不断“回表”，接受拨备、流动性以及资本监管考核，这些将在一定程度上加大银行资本、拨备以及流动性监管合规压力，但有助于相关风险的防控。

三、应对措施

当前，银行业风险整体可控，但对信用风险仍需高度重视，不能麻痹大意。建议银行积极行动，有关部门优化政策、强化督导，从以下几个方面开展对信用风险的管理，营造良好的金融业态。

一是完善风险统计和监测体系。完善不良贷款认定标准，引入更多可比性强的量化指标[①]，缩小与国际同业在认定标准上的差异，真实、准确反映信用风险状况。扩大“问题”债权的监测范围，加大对信用债、同业资金对接的非标资产以及表外资金风险的披露力度，并考虑将这些风险合并加总，为投资者和监管当局更清晰地认识银行风险提供依据，更好地掌握银行业信用风险底数。完善风险监测指标和信息披露机制，建议增加“新增不良贷款规模”“不良贷款生成率”“债务人违约概率”“债项违约损失率”以及“预期损失”等具有揭露新增信用风险和前瞻性信用风险性质的指标。各家银行要积极探索、完善信用风险预警体系，紧密关注引发信用风险的关键要素以及潜在影响。

二是加强信用风险管控。应加强重点地区、重点行业企业的风险监控，主动压降“坏杠杆”，特别是“僵尸企业”授信、高风险企业授信。科学把握风险化解节奏，兼顾银行、企业、社会利益，积极探索创新化解方案，在妥善化解银行风险的同时帮助企业渡过难关，维护金融稳定和社会稳定大局。积极扶助发展有前景的企业突破发展瓶颈，充分发掘银行海内外资源和融资渠道，帮助企业在全球范围内撮合业务、拓展市场、获取低成本融资，缓解企业财务压力。合理调节杠杆增速，引导信贷资金流向效率较高的行业和地区，重点支持具有核心技术、行业竞争力较强、市场需求较为稳定的行业内领先企业，对于符合国家产业转型升级、技术改造等政策的融资需求予以资源倾

① 如严格将逾期 90 天贷款列为不良贷款。

斜。加强对债券市场信用风险的研判，定期开展压力测试，及时调整极端情境下的高风险资产；优化资产结构管理，以应对流动性偏紧和利率中枢上移的货币环境。

三是夯实损失吸收能力。银行股东及经营管理者应提高对新常态下银行信用风险的容忍度，调整追求利润规模的考核导向，打破“正利润增速”的刚性要求，为压降“问题”债权提供缓冲期。银行自身要增加利润留存，按监管要求足额计提资产减值准备，同时，加大资本筹集力度，探索发行永续债、可转股的二级资本工具、可减记优先股以及TLAC资本工具[①]，根据汇率和利率中长期走势，增加海外资本筹集力度。建议监管机构鼓励银行采取“以丰补歉”的分红政策，确保在经济下行周期资本的积累；加快逆周期资本缓冲和国内系统性重要银行附加资本缓冲政策的“落地”；引导银行保持理性扩张节奏，使杠杆水平保持在合理区间，让资金以最直接的方式进入实体经济边际产出较高的行业，远离金融泡沫较高的行业；同时，加强市场预期的引导，减小评级下调、重大突发事件等对银行经营产生的不利影响。

四是优化不良债权处置政策和信用环境。在强化传统不良贷款清收方式[②]的基础上，鼓励银行采用新的方式处置“问题”债权，如扩大不良资产证券化规模，加大市场化债转股力度，借助互联网化平台处置不良贷款以及增加不良资产的跨境转让等方式，提高“问题”债权处置规模和效率。进一步完善商业银行呆账核销税前扣除政策，提升可抵税拨备的比例[③]，放开核销自主权、贷款减免限制条件以及个人不良贷款批量处置政策。加快IFRS 9会计准则实施，夯实拨备基础，缓解拨备计提的滞后性和顺周期性。完善破产重整相关法律制度，强化破产重整过程中的信息披露机制，鼓励债务人与金融机构通过法庭外协商制订重组计划，完善司法程序，赋予金融机构等债权人有效行使监督权、实质参与重整重大事项决策等权力，防止“假破产、真逃债”等损害债权人利益的

① TLAC资本工具是指符合金融稳定委员会总损失吸收能力要求定义的资本工具，它的主要特点就是必须具有减记和转股条款，TLAC工具既包含了巴塞尔协议中的资本工具，还可包含具有减记和转股条款的其他负债，如存款和债券。

② 包括现金清收、以物抵债、重组盘活、批量处置、贷款减免、呆账核销等。

③ 目前商业银行的可抵税拨备为当期贷款余额的1%，而目前我国银行业的拨备贷款比率平均在3%以上，这也意味着有占贷款余额2%左右的拨备是具有潜在抵税效应的。从拨备覆盖率、拨贷比以及银行不良贷款率三者的关系看，如果不良贷款率保持不变，拨备覆盖率和贷款拨备比例之间存在同向变动的关系，提升拨备的抵税比率可以在一定程度上抑制银行大规模下调拨备的动机，这样从制度上使银行形成权衡取舍，保持风险和收益的动态平衡。

行为。加快建立失信企业和个人信息全国共享和惩戒机制，建立健全各省市金融债权安全综合指标体系，强化对地方金融安全和信用环境的考核制度，切实打击恶意逃废债务行为。

执笔：张兴荣、熊启跃

第六章　2016年上市银行部分热点问题分析

从A股资本市场的角度看上市银行[①]

我国资本市场经过了长足的发展，全部A股总市值已经接近60万亿元的规模，从体量上看，与年GDP总量处于同一量级。在整个A股市场的构成中，银行股无论从股数还是市值看，都占据着重要的地位。以2017年6月末的数据来看，银行股市值占比达到11%，在申银万国28个一级行业中占比最高。这一方面体现了我国股票市场特有的结构，另一方面也显示出银行股在整个股票市场中的锚的地位。本文从资本市场的角度，对A股的银行板块市场表现进行重现，并着重分析自2016年起，银行板块估值变化的驱动因素，以助于从市场的角度更好地理解上市银行。

一、上市银行体量不断扩容

截至2017年6月末，沪深股市上市银行共计25家，比2016年初新增了9家，新成员中包括4家城市商业银行和5家农村商业银行，新上市银行总股本为323亿股，募集资金共302亿元，其中上海银行募集资金最多，为106.7亿元，9家银行总市值达到4676亿元（见表6–1）。

总体上看，新上市银行的规模较小，在整个上市银行中的占比也仅为5%，但9家银行的上市打破了我国银行业自2010年以来零IPO的局面，也改变了原有上市银行都为大型银行的局面，成为银行股中的活水，或带动银行股估值和市场走出新的特征。

---

① 作者：王月香，供职于华创证券研究所。

表6-1　上市银行概览（截至2017-06-30）

单位：亿元

银行	上市日期	总市值	资产总计	市净率PB（LF）
工商银行	2006-10-27	18125	241373	0.96
建设银行	2007-09-25	13214	209637	0.99
农业银行	2010-07-15	11335	195701	0.89
中国银行	2006-07-05	10578	181489	0.81
交通银行	2007-05-15	4092	84032	0.78
兴业银行	2007-02-05	3503	60859	0.99
招商银行	2002-04-09	5871	59423	1.49
中信银行	2007-04-27	2759	59311	0.87
民生银行	2000-12-19	2898	58959	0.86
浦发银行	1999-11-10	3555	58573	1.03
光大银行	2010-08-18	1830	40200	0.83
平安银行	1991-04-03	1612	29534	0.86
华夏银行	2003-09-12	1182	23562	0.89
北京银行	2007-09-19	1394	21163	0.95
上海银行	2016-11-16	1534	17554	1.28
江苏银行	2016-08-02	1072	15983	1.29
南京银行	2007-07-19	679	10639	1.26
宁波银行	2007-07-19	753	8850	1.61
杭州银行	2016-10-27	544	7204	1.40
贵阳银行	2016-08-16	363	3723	1.70
常熟银行	2016-09-30	247	1300	2.55
无锡银行	2016-09-23	237	1246	2.74
江阴银行	2016-09-02	221	1041	2.58
张家港行	2017-01-24	284	902	3.56
吴江银行	2016-11-29	172	813	2.17

资料来源：Wind资讯。

截至2016年底，我国银行业整体资产中，有超过7成均已上市。其中，五大行全部上市，为上市银行中的主体，资产占比接近一半。股份制商业银行中上市占比约90%，而城市商业银行中仅30%的资产上市，农村商业银行这一占比更是低至1.5%。随着A股市场的不断扩容和IPO的提速，城市商业银行和农村商业银行陆续开启上市之路，将不断丰富上市银行的种类，使上市银行的结构更加均衡。

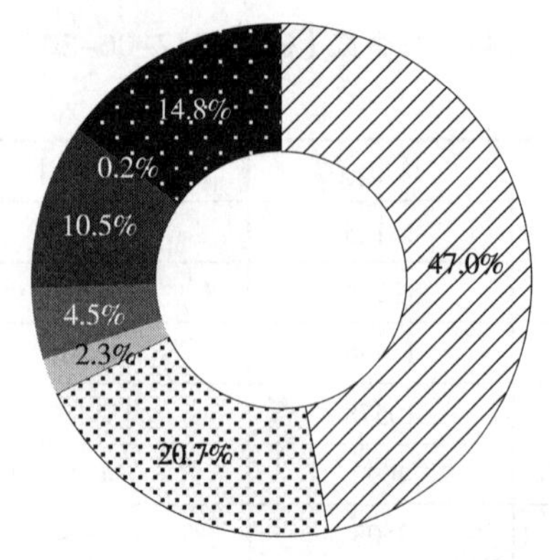

资料来源：Wind资讯。

图6-1　不同类型银行的上市占比

从银行业在整个A股市场中的占比来看，银行板块也无疑成为A股中市场权重最大的板块，在很多时候扮演着A股市场的“锚”的作用。银行股市值占A股总市值11%，占比排名所有行业的第一位（见图6-2）。从单个上市公司市值来看，A股市场市值最大的公司为工商银行，截至2017年6月末，市值为18124亿元。在市值排名前十大公司中，银行股占一半（见图6-3）。从市值上看，银行股表现出市值偏大的特征，因此整体市场表现偏稳健，除非有大规模的资金流入和强一致性的市场情绪，否则很难带动市场价格的大幅波动。

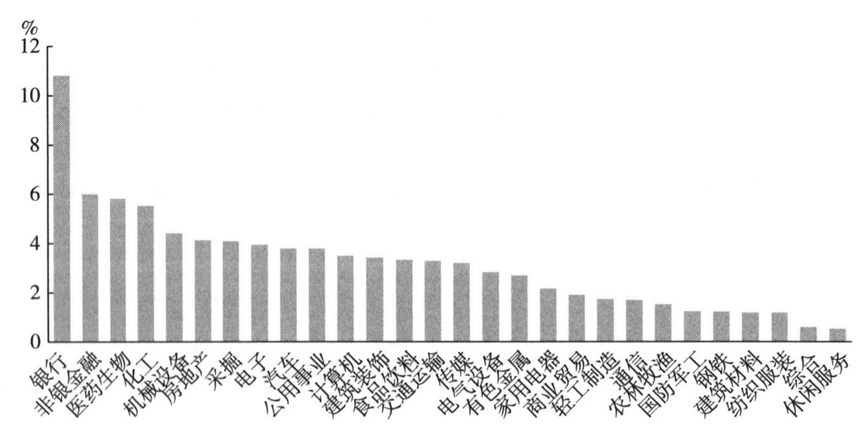

资料来源：Wind资讯。

图6-2　各行业市值占比

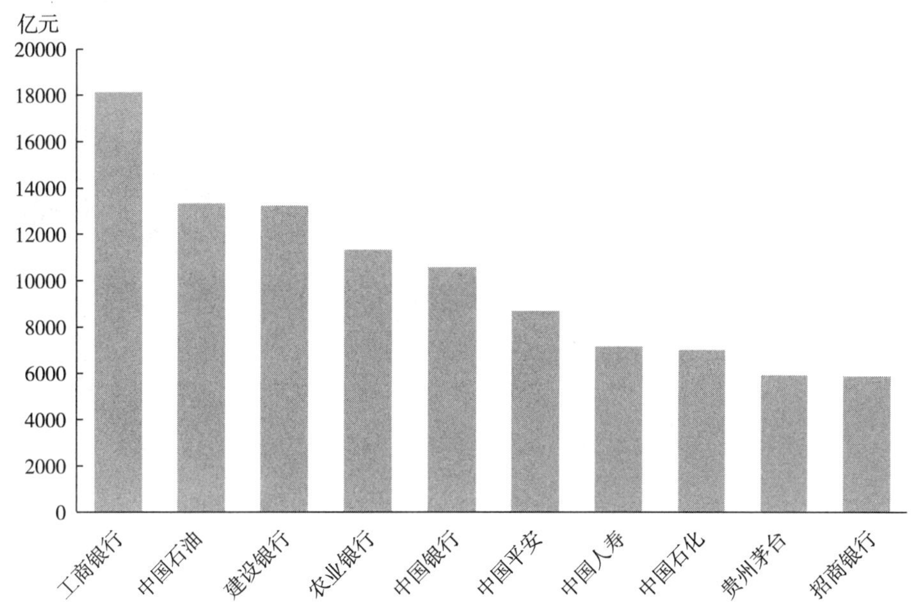

资料来源：Wind资讯。

图6–3　A股上市公司市值前十大

二、银行股跟随市场波动上涨

2016年至2017年中，银行指数整体与上证综指表现一致，在年初受熔断影响下跌后企稳，呈波动上涨态势，从低点至年末涨幅约10%。从估值水平看，PB在0.8至1倍区间内波动，处于历史上相对较低的水平。估值水平相对稳定的情况下，价格的上涨主要来自于净资产回报率ROE，银行业2016年整体平均ROE水平较往年虽有所下降，但仍达到13.38%，与全年涨幅趋近（见图6–4、图6–5）。

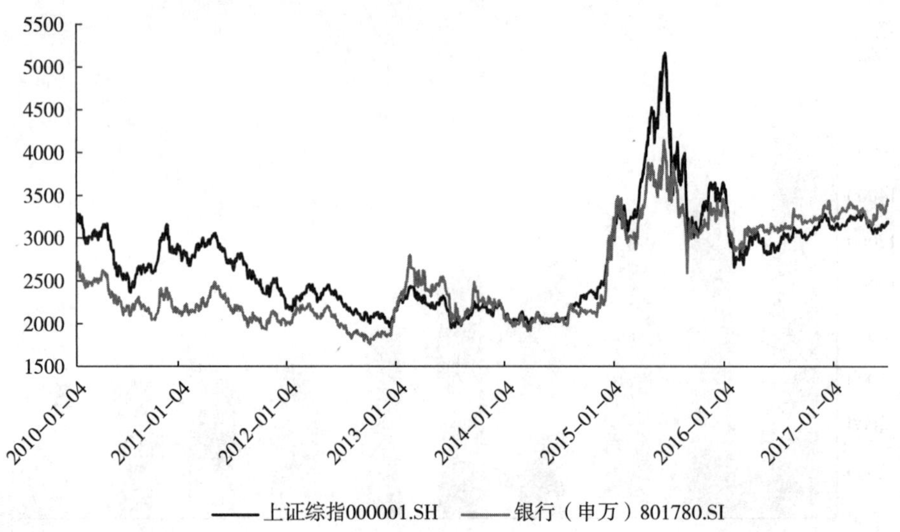

资料来源：Wind资讯。

图6-4 银行指数与上证综指走势

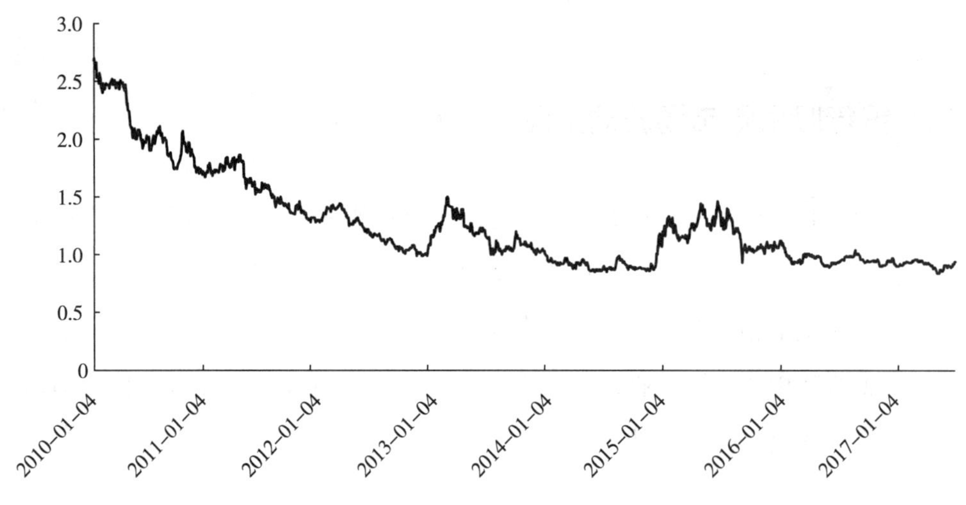

资料来源：Wind资讯。

图6-5 银行指数估值水平

2016年至2017年中，银行指数和银行股的绝对收益呈现出上升趋势。指数在2016年下半年开始明显上涨，并且与沪深300相比取得相对收益，主要得益于宏观库存周期的开启，带动市场的好转。在2016年底小幅调整后，2017年第一季度随着宏观经济小周期回暖，指数和沪深300均呈现再次的上涨。而到了第二季度，受监管不断趋严影响，市场出现调整，在 4 月出现急速调整、市场过度反应后，在第二季度末，随着监管环境的略微宽松和监管预期的不断明确，指数再次出现上涨并创新高。

从相对收益来看，银行股在大部分时间均跑赢沪深300。由于沪深300中银行股权重本身即较大，因此二者在大部分时间内市场表现是一致的，但与剔除掉银行股之后的沪深300相比，银行股的表现更佳。如图6–6所示，从全年来看，除2016年第一季度，熔断后市场触底回升阶段，银行指数略跑输沪深300外，2016年银行指数较沪深300的相对收益平均维持在5%。下半年的上涨过程中，相对收益超过5%。而在年底回调时，银行指数的回调幅度也明显小于沪深300，高点时相对收益超过10%。2017年 4 月开始的回调，由于主要受金融监管趋严的影响，银行指数的调整幅度大于沪深300，导致相对收益全部回吐。监管政策明朗化后银行指数又有所回暖，继续保持个位数的相对收益。与沪深300相比，银行股之所以在大部分时间都能取得一定空间的相对收益，主要原因来自于，银行业的整体ROE水平，较其他行业要高。而在市场估值无大幅提升，处于震荡波动的环境下，稳健的高净资产回报率会产生相对较高的市场回报率。此外，银行股由于市值较大、权重较高，在市场下跌时，有一定防御性，起到平滑市场波动的作用。

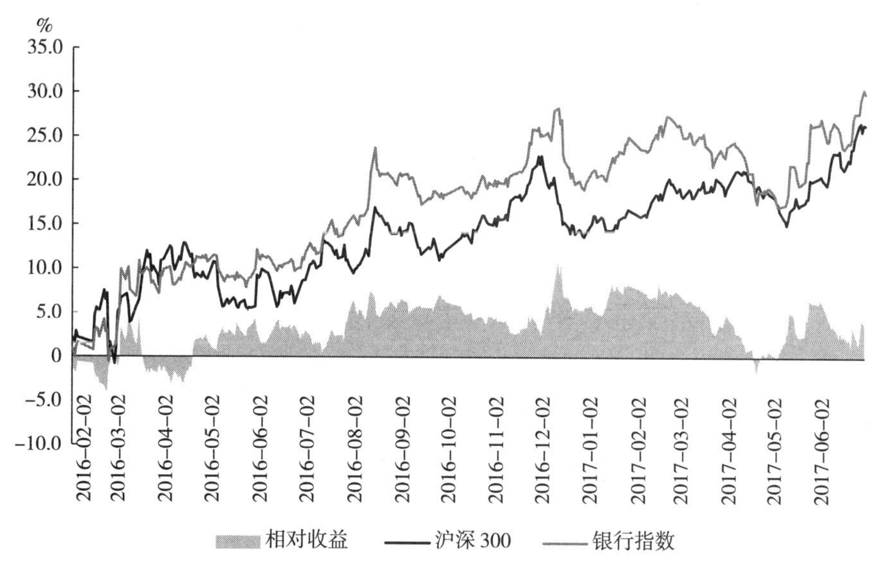

资料来源：Wind资讯。

图6–6　银行指数与沪深300的走势

从各行业的相对表现来看，2016年银行股在申银万国28个一级子行业中，涨幅略微居后，但仍维持了12%的绝对收益（见图6-7）。2017年上半年，由于市场风格对于业绩确定性的白马价值股给予确定性溢价，并出现了明显的资金抱团现象，银行股表现较佳，在所有行业中涨幅位列第四位，半年取得7%的涨幅，仅次于家电、食品饮料和非银金融。

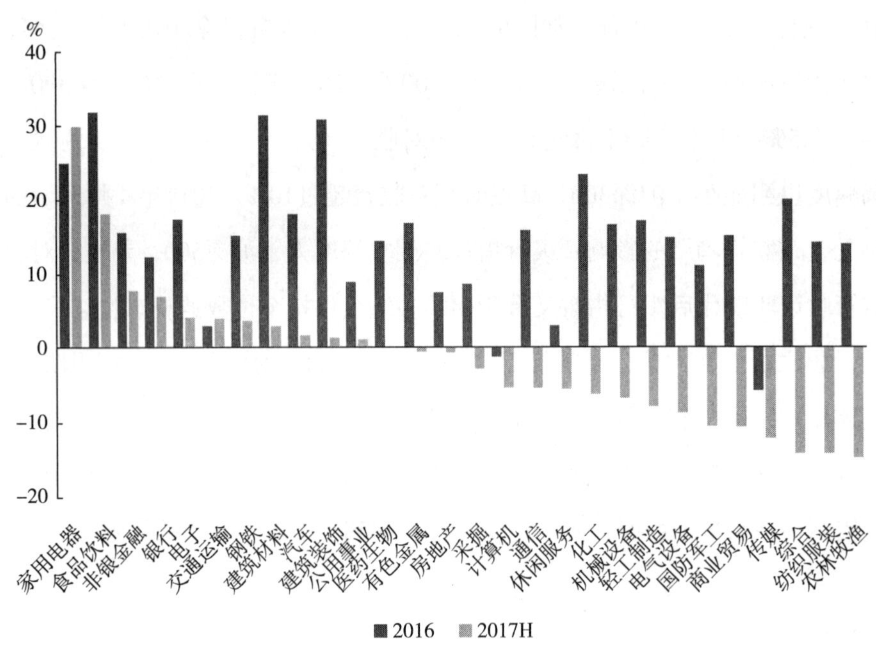

资料来源：Wind资讯，2016年基准数据取自2月底，以剔除熔断影响。

图6-7　2016及2017H申银万国一级行业涨跌幅

三、次新股拉高估值水平，不同类银行差异加大

从历史走势看，自2010年以来，银行股的估值一直处于下行通道中，银行指数的静态PB由2.5倍不断降至1倍以下。从行业层面上分析，估值的下行主要因为银行业整体盈利能力不断下降，制度红利释放完毕，而自2013年以来，银行体系的不良率开始上行，潜在不良因素成为牵制银行股估值的主要因素。2016年以来，整体估值水平仍然处于历史低位震荡，但随着中小城市商业银行和农村商业银行的不断上市，银行板块也出现了次新股行情。由于新上市银行的整体市值占比较低，对银行指数的影响并不明显，但整

个板块的市场结构增添了新的活力，结构有所变化。不同类型银行之间，以及同类型银行之间，已经发生了悄然的变化。

首先，分析不同类型的银行可以发现，估值水平由低到高依次为国有大行、股份制商业银行、城市商业银行和农村商业银行。国有大行及大部分股份制商业银行的估值水平已经连续跌破净资产，其背后反映的主要市场担忧来源于潜在资产质量。中小行由于业绩增长弹性较高，因此市场给予的定价水平也较高，而城市商业银行和农村商业银行由于存在次新股效应，在上市初期一般估值水平较高。但值得注意的是，随着A股市场的不断完善，次新股效应在逐渐减弱，农村商业银行在上市后开板时间缩短，并出现二次上涨效应。截至2017年中，次新城市商业银行的估值已经与原有三家城市商业银行估值十分接近，但农村商业银行估值水平回调后仍保持在2倍PB以上，后续仍有继续回调的压力。2017年，不同类型银行间的估值趋近效应开始逐渐明显，大行估值略有提升，而股份制商业银行和中小行下降明显，部分股份制商业银行的估值水平已经与大行十分接近（见图6–8）。

其次，同类银行个股间也在2017年出现明显分化。五大行在2016年的估值涨跌基本一致，但2017年以来，估值开始出现分化，建设银行、工商银行不断走高，高点时建设银行估值接近1倍；股份制商业银行中招商银行与其他7家银行出现明显分化，自2016年下半年起，招商银行的估值一路领先并不断上涨，2017年5月开始后，估值在两个月内从1.2倍PB提升至1.5倍，日间波动加大，股价更是创近十年新高。其他股份制商业银行表现则差强人意，估值普遍跌至1倍以下，与大行相比并无明显优势；原有三家城市商业银行在2016年估值走势基本一致，但北京银行和南京银行在2017年第二季度出现断崖式下跌，而宁波银行一枝独秀继续上涨；次新城市商业银行和农村商业银行之间，分化特征相对不明显，主要还是受次新板块整体走势的影响。

整体来看，银行板块在2016年后，呈现出的一个明显特征即为个体的差异和分化。在以往的市场认知中，对于银行板块的区分度并不明显，投资者普遍认为银行经营的差异性较小，因此对估值给予的相差也不大，但随着银行经营环境的不断变化，银行面临的来自互联网金融、其他融资渠道等的冲击越来越大，而在工业化的后期，以往依赖对公业务发展的路径受到限制，我国银行业的重心也在向零售方向进行转型，招商银行、宁波银行等类似国际零售大行富国银行的定位和发展思路，逐步被市场所认可，其收益的阿尔法也不断增厚。

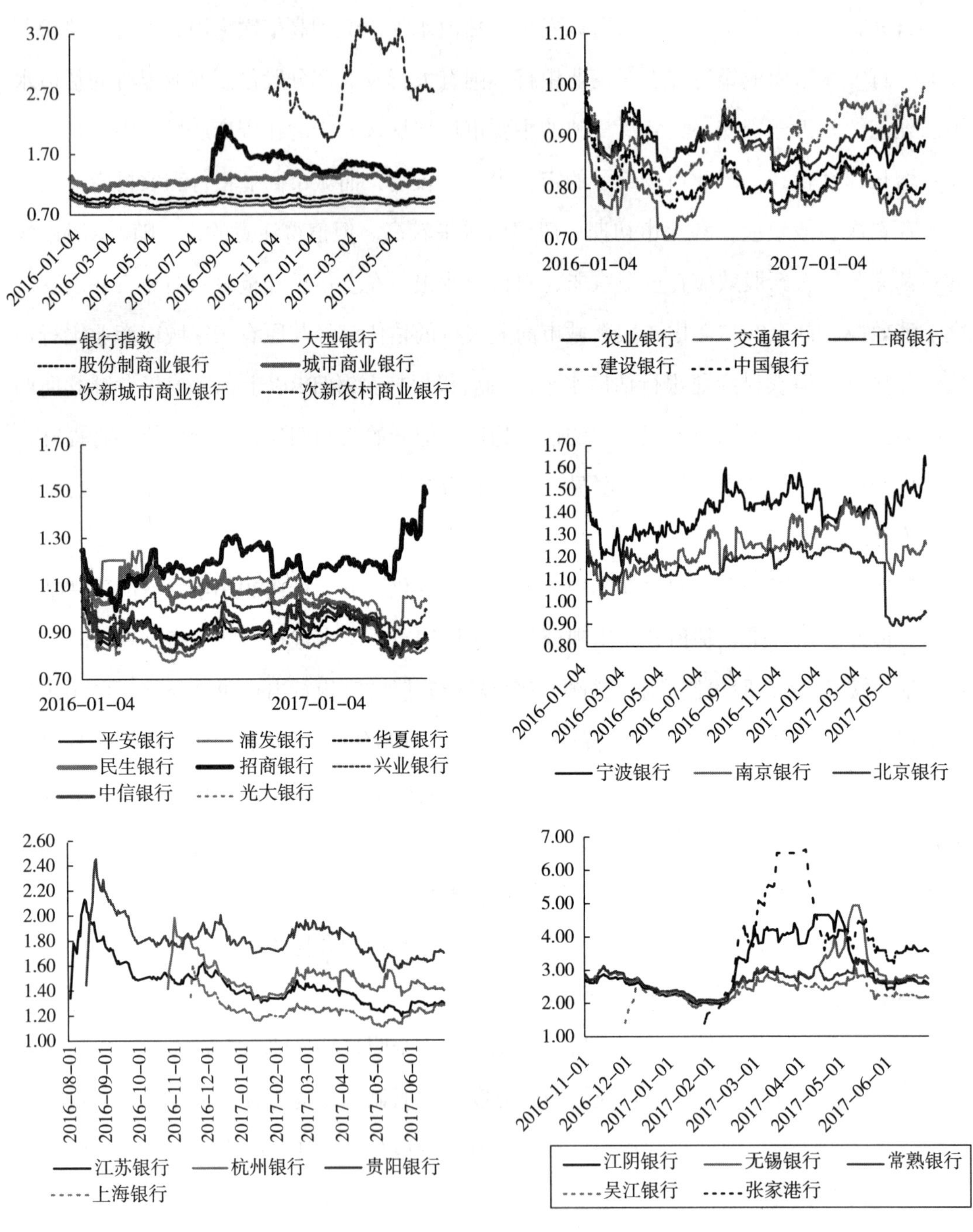

资料来源：Wind资讯。

图6-8 各类银行估值走势图（PB）

四、银行估值变动的归因分析

以上描述了自2016年以来，银行股的市场表现和不同类型银行的分化趋势，然而投资者更为关心的是，为什么银行股的估值是这样的走势？为什么不同的银行之间估值的差异如此之大？笔者试图从宏观经济、金融监管政策、流动性情况等几个方面来阐述银行股整体走势的主要影响因素，而对于银行个体之间的差异，通过拆解盈利并结合银行个体的特点，试图做解释。

第一，宏观经济周期是影响银行股走势的基本因素。

宏观经济是研究银行股的根本，经济周期通过影响银行的规模增长、息差水平和资产质量三个方面，对银行的业绩产生影响。从三条影响途径均可以发现，银行是顺周期的行业。当宏观经济向好时，企业的融资需求上涨，银行的信贷和投资在需求引导下有增长动力，一方面，需求大于供给的情况下，银行的议价能力相对较强，对息差形成保障。另一方面，经济向好周期，利率也一般处于上行阶段，而利率上行周期有利于银行息差扩大。同时，经济向好也会对信贷资产质量形成支撑，资产减值损失不会成为拖累业绩的影响因素；反之，当经济下行时，信贷需求疲弱，为刺激经济，利率一般处于下行通道中，叠加信用风险的暴露，坏账开始增多，拨备拖累盈利增长。

回顾过去的十年，2006年下半年经济增速的持续攀升、2009年第二季度经济见底并强势复苏、2012年下半年经济的小幅反弹、2014年上半年经济的回升等阶段，银行的股价均有比较明显的上涨。而在过去的2016年，宏观经济处于短周期的上涨阶段，下半年银行股估值的小幅提升，与短周期的补库存阶段相对应（见图6-9）。同时，行业不良生成开始趋稳，到2016年末，部分地区和银行的不良开始出现双降，2016年底开始，央行在公开市场操作中引导货币市场利率提升，对银行息差开始逐渐有正向的传导，均是银行估值提升的宏观基础。

第二，宽松的流动性环境可能催生银行股短期行情。

不仅是对于银行股，对于整个A股市场来说，缺乏了流动性的支持都很难走出上涨的行情。但流动性宽松并不绝对会催生市场的上涨。对银行股来说，流动性影响路径分为两个方面，一是宽松流动性环境带来资金的流入，是正面的作用；二是宽松流动性伴

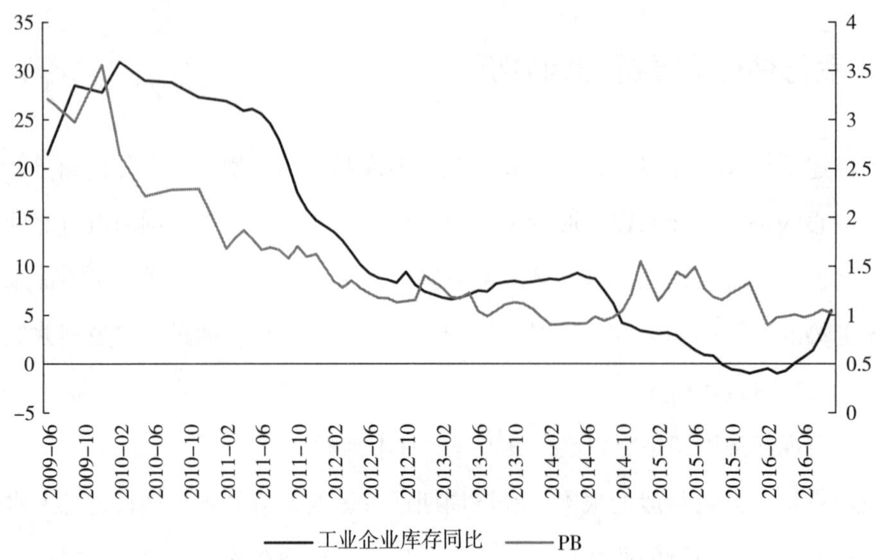

资料来源：Wind资讯。

图6-9　库存周期与银行估值

随的低利率环境，对银行的业绩而言并非最优。这两种互为反向的影响同时存在，哪一种影响力更大将决定银行股的走势。从历史上看，2014年底货币政策进入宽松阶段，引导了上一波股市和银行股的上涨行情。自2014年11月起，央行连续6次降息，银行间7天质押式回购利率也由5%降至2%，流动性极度充裕，M_2增速在2015年也保持了相对较高增速。银行股的估值水平由最低点的0.84倍回调至1.5倍。而进入2016年下半年，央行在公开市场维持资金的紧平衡状态，国债利率水平不断抬升，流动性难言宽松，银行股的估值也基本处于稳定状态，并未出现大幅上涨行情。

2017年7月初，央行发布《中国金融稳定报告（2017）》称，下一步将要实施好稳健中性的货币政策，保持流动性合理适度、基本稳定，为实体经济发展营造良好的货币金融环境。提高和改进监管能力，强化金融监管协调。要把防控金融风险放到更加重要的位置，下决心处置一批风险点，完善存款保险制度功能，探索金融机构风险市场化处置机制，确保不发生系统性金融风险。2017年5月，M_2同比增速降至9.6，伴随着去杠杆的持续推进，全年流动性并没有放松的迹象，银行股的估值也将继续在相对底部调整（见图6-10）。

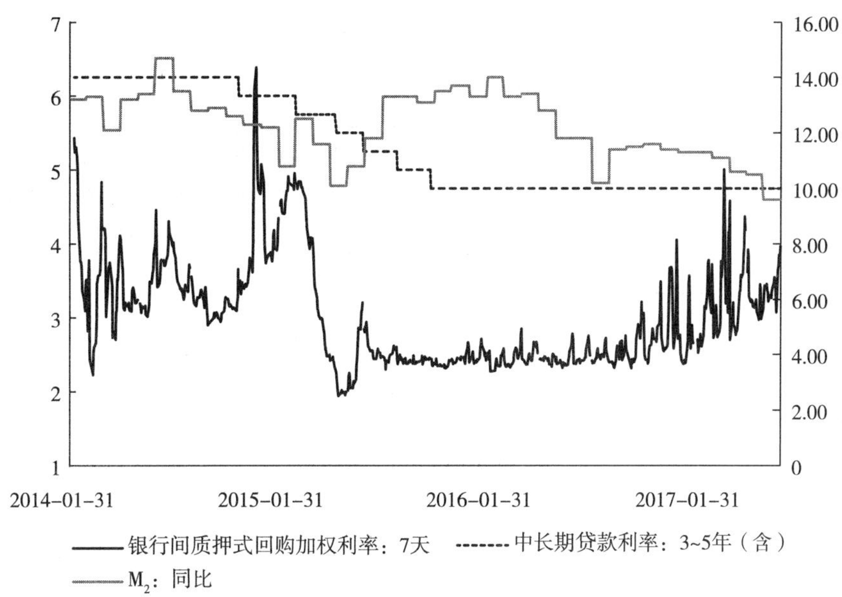

资料来源：Wind资讯。

图6-10 2014年以来流动性状况

第三，金融监管政策影响市场风险情绪和偏好。

金融监管政策从时间维度上来说，是一个慢变量，但反映在市场情绪和风险偏好上，存在短期过度反应的特征，此外，对监管政策的预期效应影响较大。

2012年以来的金融创新使得银行理财和各类非银机构蓬勃发展，其中也蕴藏了很多风险。2016年起，金融监管开始逐步对新型业务进行监管空白的填补和对原有监管覆盖进行加强。中国人民银行于2016年第四季度开始推出一系列旨在为金融体系去杠杆的措施，为了抑制表外理财产品的过快增长，其于2016年第四季度宣布将银行理财纳入宏观审慎评估体系（MPA）考核，将其作为广义信贷考核指标的一部分。银监会于2017年4月前两周内连续发布7条监管文件，内容涵盖提升银行业服务实体经济质效、银行业市场乱象整治、银行业风险防控、弥补监管短板、开展"三违反""三套利""四不当"专项治理等多方面。严监管的蓄势待发，也引发了金融市场的恐慌。商业银行开始赎回涉嫌监管套利的各种委外业务，引发了股债市场的波动。由于此次严监管的力度空前，具有一定的长期性，对银行业过度依赖同业扩张的既有盈利模式产生较大影响。

表6-2　2016年以来的监管政策

时间	监管部门	监管文件	对于去杠杆、防风险的监管要求
2016年4月	证监会	《证券公司风险控制指标管理办法（征求意见稿）》	净资本计算方式与银行趋同，分为核心净资本和附属净资本，附属净资本不得超过核心净资本规模，金融资产的风险调整统一纳入风险资本准备计算
2016年5月	证监会	《证券期货经营机构落实资产管理业务“八条底线”禁止行为细则（征求意见稿，修订版）》	进一步压缩杠杆率；涉及监管范围扩大（包括券商资管、基金专户、基金子公司、期货公司、私募基金）
2016年4月	银监会	《关于进一步加强信托公司风险监管工作的意见》	优先受益人与劣后受益人投资资金配置比例原则上不超过1:1，最高不超过2:1，不得变相放大劣后级受益人的杠杆比例
2016年6月	保监会	《关于加强组合类保险资产管理产品业务监管的通知》	权益类、混合类分级产品杠杆不得超过1:1，其他类型分级产品杠杆不得超过1:3等
2016年7月	证监会	《证券期货经营机构私募资产管理业务运作管理暂行规定》	股票类、混合类结构化资管产品的优先/劣后的杠杆不超过1:1，固定收益类资管产品不超过1:3，其他类机构化资管产品杠杆不超过1:2
2016年7月	银监会	《商业银行理财业务监督管理办法（征求意见稿）》	理财业务分为基础类和综合类；禁止发行分级产品；银行投资非标债权类资产、权益性资产提出更高监管要求；对理财托管作出限制；建立风险准备金制度
2016年8月	证监会	《关于保本基金的指导意见》	投资于权益类资产的，不得超过安全垫2倍，投资于信用等级在AA+以上的固定收益类资产的，不得超过安全垫10倍
2016年9月	银监会	《银行业金融机构全面风险管理指引》	首次就不同风险综合发布监管指引，严查“十大行为”
2016年11月	银监会	《商业银行表外业务风险管理指引（修订征求意见稿）》	重新界定表外业务范围，“实质重于形式”原则下根据风险情况计提资本
2016年12月	证监会	《基金管理公司子公司管理规定》《基金管理公司特定客户资产管理子公司风险控制指标管理暂行规定》	对基金子公司在净资本、股东资格、业务规范性等方面提出多项要求
2017年	银监会	密集发布7条文	“三违反”“三套利”“四不当”专项治理等多方面

资料来源：Wind资讯。

第四，不同银行的基本面情况最终决定银行间估值差异。

对银行业估值PB的决定因素进行分析，在稳定增长阶段以及CAPM公式假设下，银行的PB取决于ROE，理论上看，实际ROE水平较高的银行估值水平较高。因此，对银行业的估值水平的判定主要应该考察ROE水平。根据银行业的经营特性，在不考虑税收影响下，净资产收益率（ROE）可分拆为：

ROE=权益倍数×[净息差/（1+非息收入占比）×（1–成本收入比）–信用成本率]

其中：权益倍数=生息资产/净资产

信用成本率=资产减值损失/生息资产

因此，决定银行ROE的因素主要有权益倍数、净息差、非息收入占比、成本收入比以及信用成本率。在这五个因素当中，2012年之前，银行业的资产质量状况相对较好，净息差以及非息收入占比对ROE的影响较大，而2013年以后，随着不良率和不良余额的上升，信用成本的提高对ROE 的影响逐渐增大。

通过拆解过去六年银行盈利的来源可以看出，大部分时间里，银行的规模增长仍然是利润增长的主要拉动因素。净息差在不同年份里贡献的力量不同，在2016年，由于净息差大幅下降30BPS，成为拖累盈利增长的主要因素。资产减值损失在2014—2015年是拖累净利润增长的主要因素，随着2016年下半年开始，不良生成开始放缓，信用成本的拖累作用减弱（见图6–11）。

因此，可以看出，个股间的差异在2017年主要还是集中在息差和资产质量上。而从息差看，过去几年中小银行普遍依赖同业负债迅速扩张规模，随着同业利率的走高，对息差有一定的侵蚀作用，负债结构良好，低成本的存款占比高的银行息差收益的确定性大。从资产质量上看，或受益于对资产结构的迅速调整，或受益于地区优势，建设银行、招商银行和宁波银行等银行的资产质量开始有明显改善，拨备或可反哺利润，对2017年的业绩增长形成支撑。而同时，过去依赖于规模扩张的重资本发展路径在MPA考核等的约束下亟待转型，以招商银行为首的轻资本发展路径得到市场的认可。

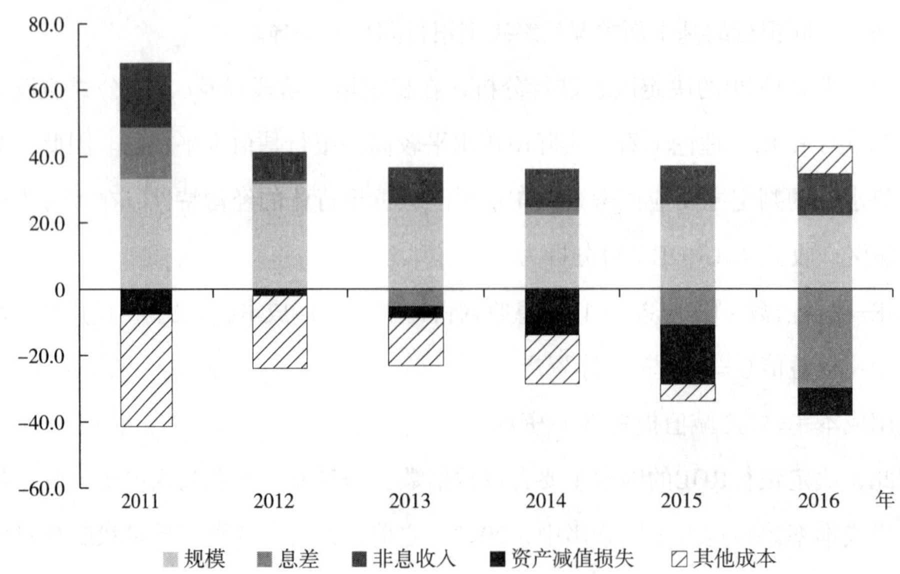

资料来源：Wind资讯。

图6-11 上市银行盈利拆解

五、银行股的资本市场投融资

银行股在过去的六年时间里，不断从资本市场得到融资，资本补充形式也多种多样。2013年以后，新的资本管理办法施行后，银行补充资本的方式主要包括定向增发、发行优先股、二级债、可转债等途径。其中，定向增发可补充核心一级资本充足率，优先股可补充一级资本充足率，而二级债和可转债只补充资本充足率。从商业银行历次补充资本的方式来看，选择发行优先股和二级债来补充资本是上市银行的首选方式。2016年，股份制银行总计补充资本1168亿元，对资本充足率起到了支撑（见表6-3）。然而，一味地依赖外源资本补充映射出来的仍然是过去银行业高资产扩张和高资本消耗的发展路径，银行业后续的发展轨道更应该增强内源融资的贡献度，降低对资本的消耗度和依赖度，实现轻资本的转型。

表6-3　2016年上市股份行补充资本情况

单位：亿元，%

时间	银行	金额	补充资本方式			补充资本充足率幅度
			定向增发	优先股	二级债	
2016-01-20	中信银行	119	√			0.30
2016-03-23	华夏银行	200		√		1.27
2016-04-01	兴业银行	300			√	0.79
2016-08-12	光大银行	100		√		0.38
2016-10-27	中信银行	350		√		0.88
2016-12-07	民生银行	99		√		0.26

资料来源：Wind资讯。

同时，银行股作为市场中高分红的板块，也为投资者带来了稳定的投资回报。从过去的三年看，银行股的分红比例一直处于相对高位，国有行的分红比例维持在30%左右的水平（见表6-4）。虽然分红比例呈现下降趋势，但与其他行业相比，仍保持较高水平。较高的分红和股息率水平也成为吸引投资者的重要因素，使得配置银行板块的机构相对稳定。

表6-4　现金分红比例

证券简称	股息率	2016年度现金分红比例	2015年度现金分红比例	2014年度现金分红比例
宁波银行	1.8135	17.4757	26.8157	25.9872
浦发银行	1.5810	8.1426	20.0010	30.0274
华夏银行	1.9631	9.8292	20.5416	21.5423
民生银行	3.4063	19.6863	18.5944	14.7597
招商银行	3.0949	30.0618	30.1610	30.2218
兴业银行	3.6180	23.5325	23.1480	23.0384
北京银行	2.7263	21.3553	18.8138	16.8985
农业银行	4.8295	30.0178	30.0006	32.9389
交通银行	4.4075	29.9990	30.1391	30.4494
工商银行	4.4629	30.0112	30.0037	33.0031
光大银行	2.4198	15.0831	30.0360	30.0603
建设银行	4.5203	30.0281	30.0261	33.0305
中国银行	4.5405	30.0509	30.1547	32.9807

资料来源：Wind资讯。

以上从资本市场的角度对银行业进行了分析。不难看出，市场对于银行板块和个股的定价仍然与基本面有很大的关联度，能够及时地对各类影响因素和公开信息作出反应。并且由于银行板块的市值较大，资金博弈的因素相对空间较小，整体上看仍然为较为有效的市场。同时，资本市场的估值体系，也形成对银行发展的重要评价机制，对于银行的长期健康发展有着重要意义。

2016年H股上市银行剖析[①]

在A股市场中，银行股的市值在各个行业中占比最高，占据着重要的地位。而在H股中，也有22家上市银行。这22家上市银行中9家为A股和H股同时上市，13家仅在H股上市。本文分析了这13家纯H股上市内地银行2016年的经营情况和股价变化。

一、城市商业银行和农村商业银行开启上市之路

面对2010年至2015年A股市场银行零IPO的局面，许多内地银行选择了在香港上市。H股便成了很多城市商业银行和农村商业银行上市发展的场所。而从2016年8月开始，先后有9家城市商业银行在A股上市，2家农村商业银行、1家邮储银行在H股上市。城市商业银行和农村商业银行迎来了上市融资的"春天"。

截至2017年6月末，纯在H股上市的内地银行包括1家邮储银行、1家股份制银行、8家城市商业银行和3家农村商业银行，总资产达15.7万亿元，总市值为0.8万亿元。总体来看，纯在H股上市的内地银行规模较小，除邮储银行和浙商银行外，其余均为城市商业银行和农村商业银行，且总资产均在1万亿元以下（见表1）。

表1　纯H股上市银行概览（截至2017-06-30）

单位：亿港元

银行	上市日期	总市值（MRQ）	总资产（LF）	PB（MRQ）
邮储银行	2016-09-28	3759.82	82656.22	0.9277
浙商银行	2016-03-30	750.72	13548.55	0.9952
盛京银行	2014-12-29	399.39	9054.83	0.7801

① 作者：毛可君，供职于申银万国证券研究所。

续表

银行	上市日期	总市值（MRQ）	总资产（LF）	PB（MRQ）
重庆农商行	2010-12-16	547.77	8031.58	0.884
徽商银行	2013-11-12	424.31	7547.74	0.7317
广州农商行	2017-06-20	498.26	6609.51	1.2434
天津银行	2016-03-30	352.09	6573.10	0.7551
锦州银行	2015-12-07	568.98	5390.60	1.3038
哈尔滨银行	2014-03-31	273.79	5390.16	0.6708
重庆银行	2013-11-06	209.51	3731.04	0.7504
青岛银行	2015-12-03	247.58	2779.88	1.2558
郑州银行	2015-12-23	240.02	3661.48	1.0082
九台农商行	2017-01-12	195.26	1914.71	1.7241

资料来源：Wind资讯。

虽然在H股上市的城市商业银行和农村商业银行数量较多，它们在H股银行股中的市值占比并不高。那9家A股、H股同时上市的国有银行和股份制银行在H股银行股市值中仍占据着统治地位。但城市商业银行和农村商业银行的加入，也成为H股银行股中的活水，或带动H股银行股市场走出新的特征。

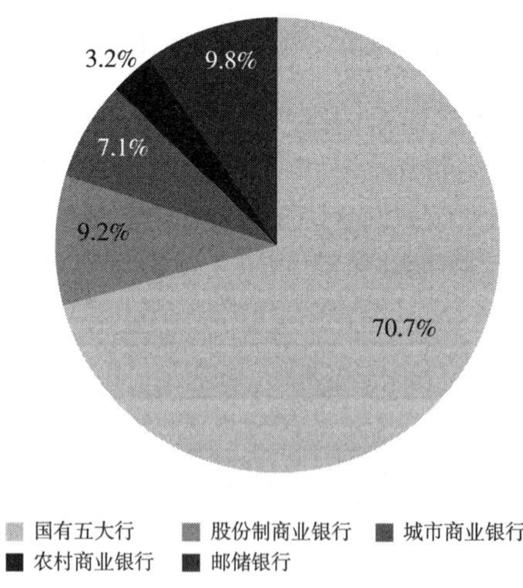

数据来源：Wind资讯。

图1　H股上市银行市值占比

二、盈利状况、资产质量分化明显

在营业收入方面，锦州银行、九台农商行和浙商银行的同比增速都快于30%，其中锦州银行以超40%的增速居于首位。这一方面是由于规模驱动带来的利息净收入增速较快，另一方面也是由于手续费及佣金收入的较快增长带来的收入增长。而邮储银行、重庆农商行、广州农商行、天津银行的营业收入在2016年出现了负增长，这主要是因为受2015年降息及营改增带来的净息差下降所拖累。

净利润的增长与营业收入密切相关。净利润增速最快的三家银行仍是锦州银行、九台农商行和浙商银行。而天津银行的净利润出现了较为严重的负增长。

在资产收益率方面，锦州银行和郑州银行的ROE均超过20%，在这13家银行中处于较高水平，这与其较高的净息差和较好的成本控制能力具有密切的关系。相应地，净息差较低的天津银行也有着最低的ROE（见表2）。

表2　纯H股上市银行盈利状况（截至2016-12-31）

单位：亿港元，%

银行	营业收入	同比增长率	净利润	同比增长率	NIM	ROE
邮储银行	1678.58	–0.54	397.76	14.11	2.65	12.90
浙商银行	232.44	33.92	101.53	44.00	2.07	17.34
盛京银行	128.57	13.60	68.78	10.52	1.75	15.77
重庆农商行	189.65	–0.53	80.01	10.70	2.74	15.99
徽商银行	145.17	23.22	69.96	12.62	2.59	14.77
广州农商行	113.35	–6.00	51.06	2.12	1.95	14.44
天津银行	93.93	–0.90	45.18	–8.40	1.76	12.10
锦州银行	136.76	42.51	81.99	67.06	3.67	25.16
哈尔滨银行	120.75	18.64	49.62	10.04	2.65	14.01
重庆银行	71.52	11.76	35.02	10.48	2.38	15.53
青岛银行	48.93	19.79	20.89	15.15	2.23	12.20
郑州银行	75.33	26.96	40.45	20.53	2.69	20.46
九台农商行	54.25	39.51	23.16	65.16	2.67	19.57

资料来源：Wind资讯。

同样，这13家银行在资产质量方面也存在着明显的分化。就2016年的不良贷款率来看，重庆农商行（-2基点）、重庆银行（-1基点）、九台农商行（-1基点）的不良率都同比有所下降。而其余10所上市银行的不良率都有恶化的趋势，其中盛京银行的不良率上升了132基点。

从绝对值看，邮储银行以0.87%的不良率，成为不良率最低的纯H股上市银行。而随着国内经济的稳定和金融监管的加强，2017年银行的资产质量应有改善的趋势。相似地，在逾期贷款率方面，邮储银行的表现也最为出色。

而在信用风险管理方面，所有纯H股上市银行的拨备覆盖率都在监管要求的150%之上。同比下降最快的是盛京银行，从2015年的482.38%下降到了2016年的159.17%，反映了其资产质量的迅速恶化和风险管理能力的不足，而其余银行的拨备覆盖率变化皆在合理的范围之内（见表3）。

表3　纯H股上市银行资产质量（截至2016-12-31）

单位：%

银行	不良率	同比增长	拨备覆盖率	同比增长	逾期贷款率	同比增长
邮储银行	0.87	0.07	271.69	-26.46	0.96	-0.03
浙商银行	1.33	0.10	259.33	18.50	1.20	-0.63
盛京银行	1.74	1.32	159.17	-323.21	2.62	2.08
重庆农商行	0.96	-0.02	428.37	8.34	1.53	-0.29
徽商银行	1.07	0.09	270.77	20.28	2.19	0.16
广州农商行	1.81	0.01	178.58	7.79	3.56	-0.35
天津银行	1.48	0.14	193.56	-9.28	2.61	-0.59
锦州银行	1.14	0.11	336.30	-32.83	4.03	1.14
哈尔滨银行	1.53	0.13	166.77	-7.06	3.61	0.14
重庆银行	0.96	-0.01	293.35	49.37	3.70	0.89
青岛银行	1.36	0.17	194.01	-42.12	4.05	1.16
郑州银行	1.31	0.21	237.38	-21.17	4.59	1.52
九台农商行	1.41	-0.01	206.57	-0.29	3.63	-0.89

资料来源：Choice。

三、H股银行股与市场波动走势基本一致

2015年至2017年7月，在H股中，内地银行指数整体基本与H股大盘表现一致。从2016年初起，恒生中国100指数和恒生中国内地银行指数就开始波动上涨。恒生中国内地银行指数自2016年初至2017年中旬约上涨近20%（见图2、图3）。

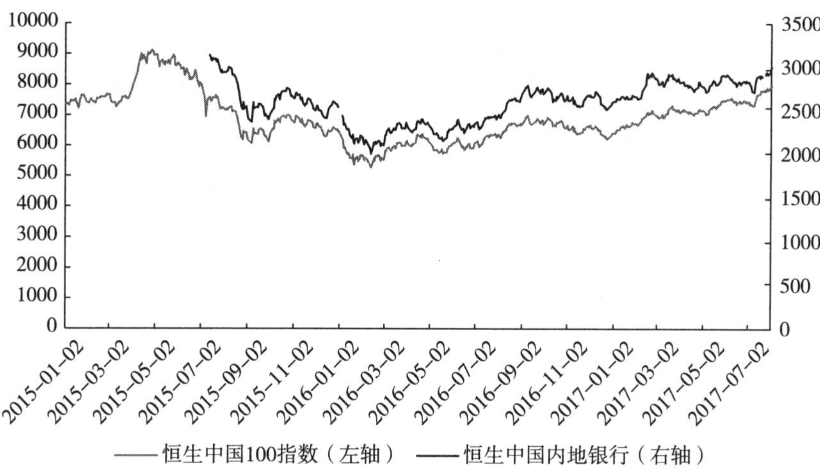

数据来源：Wind资讯。

图2　恒生中国100指数和恒生中国内地银行指数走势

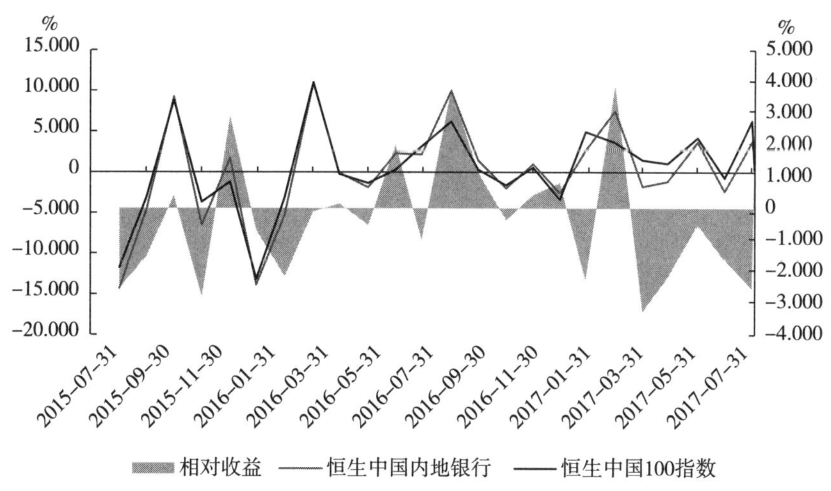

数据来源：Wind资讯。

图3　恒生中国100指数和恒生中国内地银行指数月收益率

虽然H股上市银行的绝对收益在2016年以来有大幅增长，但相比恒生中国100指数在相对收益方面并没有明显的优势。因此可以看出，H股中的银行股受市场周期的影响较大。2016年以来，随着宏观经济逐渐平稳、回暖，这些银行股股价也随着H股大盘慢慢波动上涨。

四、纯H股上市银行股价变动存在较大差异

在这13家纯H股上市银行中，多数银行股价的走势与恒生中国内地银行指数的走势相似。其中，盛京银行和天津银行在2016年以来存在着明显的逆周期下行的趋势，这与盛京银行突增的不良率和天津银行净利润的负增长有着很大的关系。而刚刚发行不久的九台农商行和广州农商行因存在着次新股的效应，股价变化较为剧烈（见图4）。

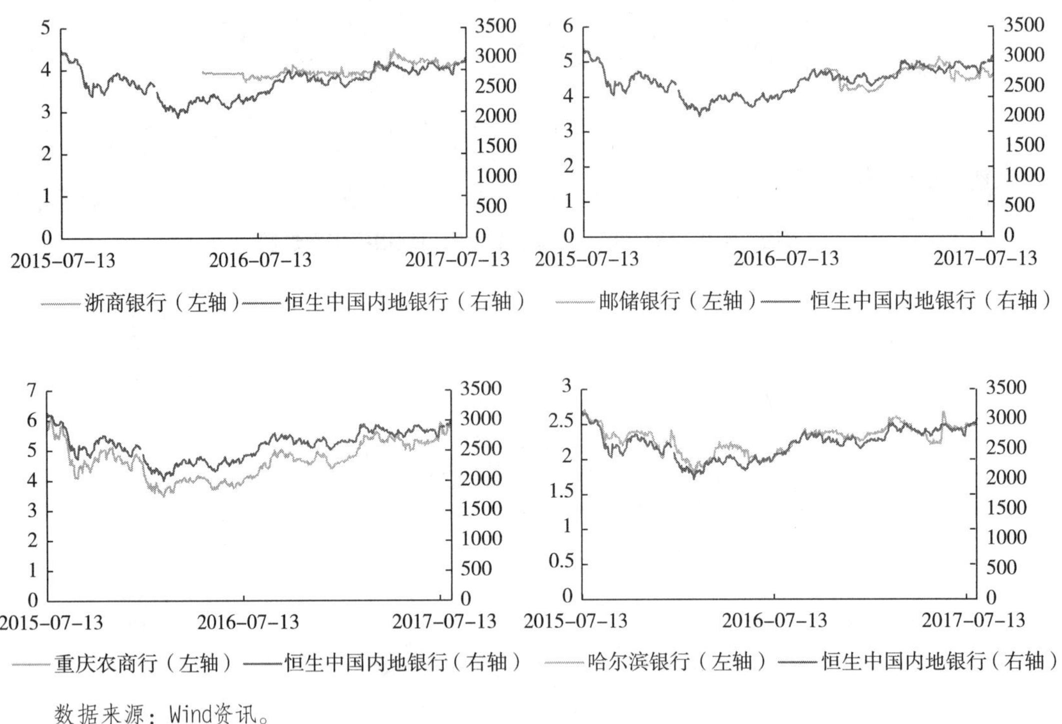

数据来源：Wind资讯。

图4 纯H股上市银行股价和恒生中国内地银行指数比较

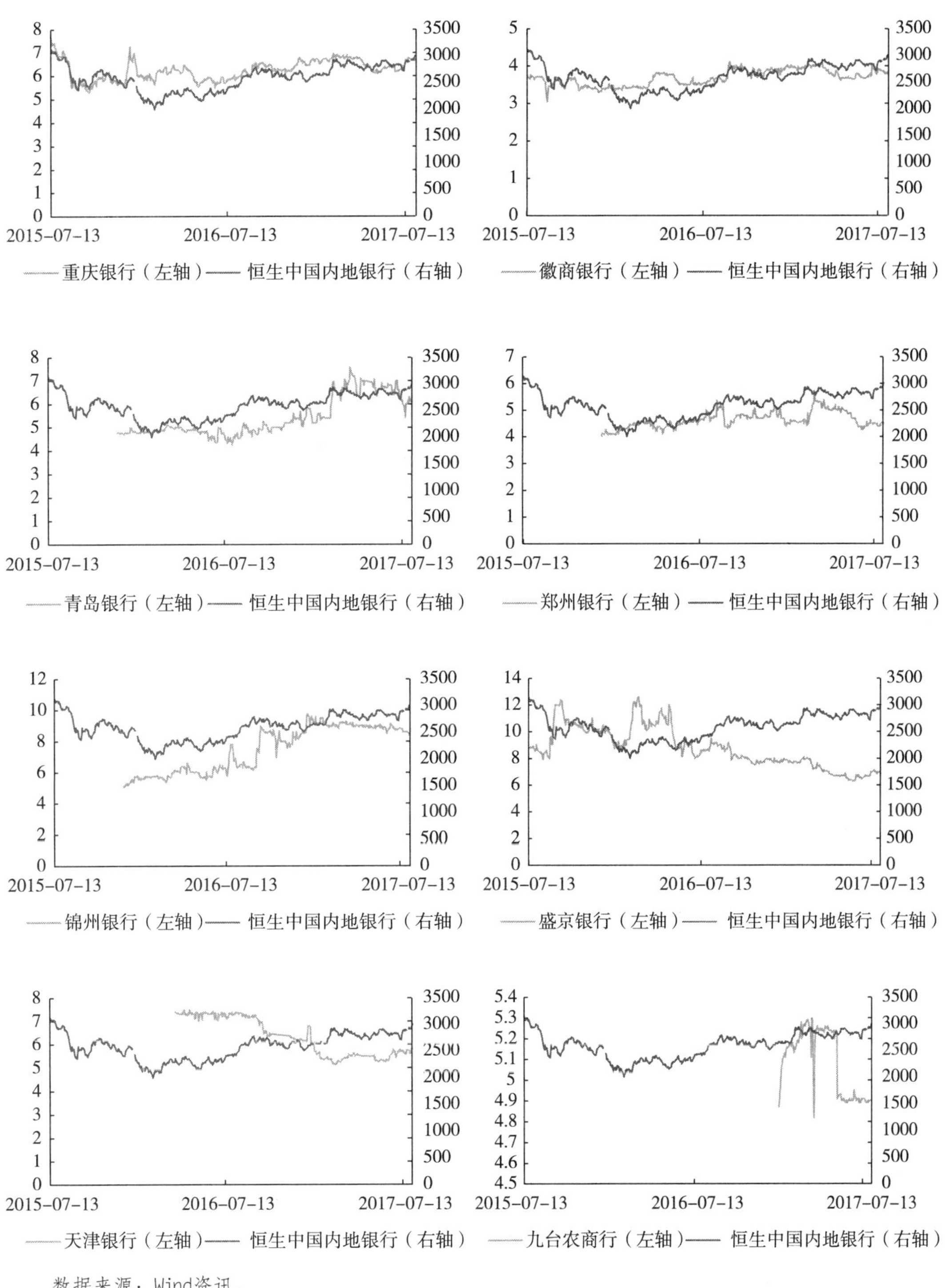

数据来源：Wind资讯。

图4　纯H股上市银行股价和恒生中国内地银行指数比较（续一）

数据来源：Wind资讯。

图4 纯H股上市银行股价和恒生中国内地银行指数比较（续二）

在H股上市银行的估值方面也存在着个体的差异和分化。多数银行股的市净率都在1倍左右或以下，且从2015年以来存在着下降的趋势。仅有锦州银行、哈尔滨银行、青岛银行、重庆农商行和重庆银行2017年的市净率相较2016年有所增长。而广州农商行和九台农商行因存在次新股效应，估值水平较高（见表4）。

表4 纯H股上市银行估值变化

市净率（PB，LYR）	2017 年			2016 年			2015年		
	平均值	最高值	最低值	平均值	最高值	最低值	平均值	最高值	最低值
广州农商行	1.2356	1.2532	1.2232	—	—	—	—	—	—
哈尔滨银行	0.6633	0.7264	0.5954	0.6099	0.6844	0.5287	0.8754	1.3191	0.5904
徽商银行	0.7853	0.9199	0.6898	0.8367	0.9267	0.7827	0.8948	1.0041	0.7309
锦州银行	1.6237	2.1307	1.3038	1.4078	2.1640	1.0407	1.5264	1.6865	1.4394
九台农商行	1.8109	1.9341	1.6959	—	—	—	—	—	—
青岛银行	1.3117	1.5584	1.0643	1.1067	1.6034	0.8719	1.5453	1.6106	1.5201
盛京银行	0.8184	0.9532	0.7145	1.0962	1.6140	0.8849	1.3040	1.7078	0.9581
天津银行	0.7689	1.0472	0.6835	1.0826	1.2445	0.9456	—	—	—
邮储银行	1.0565	1.2350	0.9266	1.0980	1.2026	1.0342	—	—	—
浙商银行	1.0631	1.2484	0.9500	1.2356	1.6753	1.1272	—	—	—
郑州银行	1.1131	1.4332	0.9545	1.2609	1.7006	1.0248	1.4658	1.5150	1.4297
重庆农商行	0.8452	0.9380	0.7598	0.7151	0.8381	0.6145	0.9559	1.2291	0.7243
重庆银行	0.7851	0.8576	0.7154	0.7959	1.0067	0.6742	0.9218	1.1262	0.7099

数据来源：Wind资讯。

估值的变化与银行的盈利能力和资产质量有着密切的关系。锦州银行以其最高的ROE和最高净利润增长率，估值水平一直呈上升状态。而重庆农商行和重庆银行因其资产质量的提升，市净率也有所提高。九台农商行则因其不良率的下降和次新股效应，目前市净率居于这13只银行股的首位。

从年报看商业银行轻型化转型①

轻型化发展已成为商业银行的共识。纵观上市银行2016年报和2017年一季报，探索如何通过轻资产、轻负债、轻收入结构、轻运营模式，建立起资本消耗少和风险可控的资产与业务体系，是当前商业银行转型发展的热点。

一、资产负债结构持续优化　轻资产轻负债变化明显

“轻资产”“轻负债”是商业银行实现轻型化转型的必要前提与途径。

在资产端，2016年商业银行总资产增速保持平稳，投资类资产配置增加，零售贷款是重点投放领域。具体来看，2016年五大行总资产增速仍然维持稳健格局，同比增长约0.82个百分点；全国性股份制银行中，中信银行、招商银行、兴业银行、浦发银行总资产同比增速均呈下降态势，其中中信银行和招商银行下降达到7个百分点，一定程度上反映出银行利润增长开始逐渐摆脱单一对规模增长的依赖。在资产结构上，由于债券投资风险权重占比较低，2016年商业银行投资类资产配置占比继续增加，贷款和同业资产占比有所压缩。2017年第一季度，受到贷款需求回升和监管强化银行投资业务的影响，银行投资类资产扩张放缓，但仍高于总资产的增速。在贷款结构上，资本占用较低的零售贷款增长较快，2016年上市银行零售贷款同比增速约28.65%，占贷款总额增量的比重接近65%。其中受到楼市带动，居民按揭贷款是主要的增长驱动力，其次为信用卡，同比增速达29.9%。2017年第一季度，受楼市调控的影响，居民按揭贷款规模有所回落（见下表）。

① 作者：黄艳斐，供职于交通银行金融研究中心，原文载于《中国银行业》，2017（7）。

2016 年部分上市银行贷款规模同比增速

单位：%

银行	贷款		个人贷款	
	公司贷款	零售贷款	住房按揭	信用卡
工商银行	5.6	18.5	28.8	7.8
农业银行	3.2	22.4	32.9	9.1
中国银行	3.1	23.1	28.9	12.4
建设银行	5.5	25.2	29.6	13.1
交通银行	6.9	19.4	27.5	13.4
中信银行	3.3	43.1	61.1	35.2
光大银行	14.5	26.3	61.1	22.9
招商银行	7.7	25.6	45.8	30.6
浦发银行	8.1	65.2	75.9	140.5
民生银行	18.2	23.8	158.8	21.3
平安银行	20.6	22.6	85.4	22.6
上述银行平均	8.79	28.65	57.8	29.9

在负债端，2016年银行活期存款增长较快、占比提升。上市银行中，大型银行、全国性股份制银行活期存款同比增速分别为17%、31%。上市银行整体活期存款占比已经接近50%，较年初增长约6%。在当下存款利率上限全面打开的新阶段，“轻”负债成本意味着商业银行将具备更强的产品定价能力与回旋余地、更大的盈利空间和更高的风险吸收能力。

二、轻型业务逐步打开局面　拉动收入功能日趋增强

“轻收入结构”主要是指以非利息收入作为推动银行盈利增长的重要引擎。当前，部分商业银行已实现了非利息收入占比三成以上。不过，受宏观经济金融环境影响，2016年商业银行部分传统非息业务收入承压，五大行在汇款及结算、信贷承诺、银行卡手续费、咨询和顾问费用等项目上同比增速为负。与之相对，在客户财富增长和资本市场发展契机下兴起的一批轻资本占用的新兴业务对非息收入增长的拉动作用不断显现。

在公司板块，投资银行、资产管理、托管业务、金融市场等新兴业务为手续费及佣金收入增长打开更大空间。大型银行中，2016年工行的资产托管、资产管理、养老

金等业务收入增幅超过或接近10%；农行的金融市场、投行、理财等业务实现手续费及佣金净收入增速10.2%；建行的金融市场业务收入增幅51.7%，资产托管业务规模增幅29.05%。全国性股份制银行中，招行的投资银行、金融市场和结售汇业务收入分别同比增长35.82%、62.00%和250.94%，托管资产余额10.17万亿元，较上年末增长42.12%，实现托管费收入42.82亿元，同比增长20.04%；民生银行资产托管规模余额7.07万亿元，比上年末增长51.45%；浦发银行2016年实现托管规模5648.40亿元，同比增长57.83%。

在零售板块，代理保险、基金及各类理财的零售财富管理手续费及佣金收入增长显著。大型银行中，2016年工行个人理财及私人银行业务收入增加17.15亿元；农行代理保险等业务手续费收入393.77亿元，增长37.5%；建行理财产品业务收入205.37亿元，较上年增长42.06%；交行代理理财和代销保险业务收入分别增长28.93%、36.23%。全国性股份制银行中，招行受托理财收入143.33亿元，较上年增长60.81%；中信银行代销保险、基金、信托、贵金属业务收入增长65.13%；光大银行代理保险、代理信托等业务手续费收入增长58.60%。

三、转型攻坚放眼金融科技　多维探索轻型经营模式

轻型化发展不仅要依靠业务转型，还要通过经营模式的变革加以实现。以大数据、云计算、区块链、人工智能等为代表的金融科技的兴起，为银行创新服务方式和流程，整合传统服务资源，提升资源配置效率提供了新的工具和依托。根据年报披露的情况，当前商业银行正加紧发力，从渠道、产品、场景等多个维度，探索金融与科技融合下的轻型经营模式转型，大致归纳为以下五个方面：

一是实施“手机银行优先”策略。客户服务界面不断向手机迁移，以手机为中心持续进行产品和业务模式的创新，并不断优化手机银行、微信银行、银行生活客户端等客户体验。如建行“移动优先”策略，招行“手机优先”策略，均是把手机作为主要的服务平台，不断在产品丰富度、智能化程度和客户体验上下工夫，通过手机打造银行移动服务新模式。

二是把移动金融的场景化应用平台与银行产品线相对接。主要是建设金融服务、社交生活和电子商务等多样化的平台，对接网络支付、投资理财等银行产品线。如工行搭

建的以电商平台“融e购”、即时通讯平台“融e联”、开放式网络银行平台“融e行”为主体，覆盖和贯通金融服务、电子商务、支付、社交生活的互联网金融整体架构。农行在金融、社交、电商三大平台推出理财、信贷、支付等金融产品。

三是部分传统零售和批发业务向“线上化、移动互联网化”转型。在零售领域，推动消费贷款、小微贷款等线上标准化操作，实现交易处理全流程系统化管理；在公司金融领域，以平台业务一体化服务客户，并不断在纵向延伸产业链、横向延伸产品链。2016年工行的网络融资新增1057亿元到6293亿元，成为国内最大的网络融资银行。

四是将科技创新与线下网点服务相结合，加快网点渠道的智能化轻型化改造。以建行的智慧柜员机渠道创新为例，2016年智慧柜员机累计投放4.3万台，助推物理渠道智慧转型，业务量超过2.17亿笔。

五是跨业联盟，与科技公司联合探索线上线下渠道的合作共享。2016年，建行与阿里巴巴、蚂蚁金服签署战略合作协议，未来双方将共同推进线上线下渠道业务合作、电子支付业务合作、客户资源和信用体系共享，双方的合作预示着银行业与信息技术深度融合的序幕正渐次打开。

四、物理渠道加速智能改造　线上轻渠道获客受重视

轻型化转型同样也体现为“轻”分销渠道。在现阶段劳动力成本、物理渠道成本快速上升的形势下，物理渠道的边际成本越来越高，而边际收益则加速下滑，甚至呈现边际负效，依靠物理渠道扩张的外延发展模式已不可持续。依托合理、高效、多业态物理渠道，大力发展移动互联线上业务，成为商业银行转型的必然选择。2016年，商业银行分销渠道转型集中围绕以下两个方面展开：

一方面是传统存量物理渠道的轻型化、智能化升级改造。这部分改造以大型银行为主，主要是将大行的科技创新优势与线下网点服务优势相结合，在降低成本的基础上提升服务能力和客户价值创造。其中，工行控制物理网点总量，优化网点布局，将轻型网点作为进驻和覆盖新兴、空白区域的有效方式；农行推进“四个一批”（增设一批、瘦身一批、迁址一批、做强一批）网点优化工程，对近1800 家低效网点实施“瘦身”，在12000多家网点推广了标准化转型；中行2683家网点完成智能化升级改造，智能化网点总

量达到5281家，约占境内网点总数的50%；建行以综合性网点轻型店建设进驻新型区域和专业市场，综合性网点智慧转型提升业务流程智能化；交行启动“网点服务模式创新项目”，打造“智能设备”满足客户综合化交易需求，网点智能设备进一步分流现有柜面对私业务。

另一方面是发力线上“轻渠道”的获客模式。全国性股份制银行在物理分销渠道数量并不占优势，因而更加紧在线上发力。例如，2016年民生银行提出“做亮”网络金融业务，直销银行客户数已突破500万户；招行手机端打通W+平台、智慧营销系统和个性化推荐系统，以手机为中心的网点O2O服务流程初步构建；平安银行“口袋银行”开放Ⅱ类户注册功能，支持客户绑定他行卡注册成为本行客户，同时实现与“平安橙子”（平安直通银行）账户整合打通。值得一提的是，2016年工行投产开放式个人网银，他行客户也可在线享受工行金融服务。从中可以看出，线上获客途径已经受到包括大型银行在内商业银行的普遍重视，以线上渠道作为获客的主渠道是银行渠道改革的方向。

五、商业银行轻型化转型仍有很大拓展空间

资产配置结构有进一步优化的空间。2017年，“资产荒”压力依旧存在，商业银行规模扩张将呈现稳中趋缓的态势，在风险收益权衡下，银行的资产结构仍将不断改善，投资类资产配置占比仍会稳健增长。信贷布局也仍有腾挪余地，实体经济逐步企稳、传统产业升级改造、战略新兴产业加快发展都将带动公司贷款需求增长；房地产市场的持续调整将导致零售贷款总规模的显著放缓，但装修贷款、耐用消费品贷款、汽车贷款和信用卡分期等消费信贷仍有相当大的增长空间。

进一步挖掘重点轻型业务拉动收入的潜力。2017 年，受利息收入占比持续下滑和市场多元化需求增加影响，商业银行的非息业务收入占比预计将继续上升，并仍将是贡献净利润增长的重要因素之一。商业银行要加强中间业务布局的前瞻性、针对性，紧密围绕公司板块的投资银行、交易银行、资产托管和互联网金融业务，零售板块的财富管理、消费金融和手机银行等重点新兴业务，加大资源投入和改革创新的力度，以拉动整体非利息收入的增长。此外，受到表外理财纳入MPA考核的监管影响，今后一段时间银行理财增速可能进一步放缓，但从长远角度看，资管业务的回归本源将有利于业务持续

健康发展，为动能的后续发挥奠定基础。

更加前瞻地把握金融科技发展趋势，以科技力量加速带动银行轻型化转型。金融科技的发展将改变银行传统的竞争格局，倒逼银行优化运行质态和重塑服务模式。金融科技的运用极有可能帮助银行突破线性增长模式的制约。商业银行要着眼金融与科技双向融合的发展趋势，积极推动金融科技在经营管理中的应用，一方面有效融合现有互联网金融平台和产品，加速金融科技向深层次发展。另一方面加强与金融科技公司的交流与合作，探索通过收购、投资、战略合作等多种形式布局金融科技领域。

持续以渠道转型推动成本管控。就当前网点转型的模式探索而言，各家商业银行目前均处于同一起跑线，主要围绕硬件设备、技术应用、业务结构、机制流程四个维度。网点改造升级会增加银行的固定资产设备成本支出，但有望减轻银行的人力成本支出。在银行服务离柜化、电子化趋势下，电子渠道正日益成为银行获客的主渠道，智能化、融合服务、金融自场景是今后银行“轻渠道”创新的主流方向。

从年报看8家A股上市股份行资产规模排位变动及发展逻辑的转变①

全国性股份制银行的探索创新始终引领着整个银行业的持续发展，其排名的改变，反映出银行业怎样的竞争环境，背后又折射出怎样的发展逻辑转变？站在2017年新起跑线上，全国性股份行转型突围的“破茧”之路又在哪里？

中国银行业历经了十余年的规模快速扩张时期。据英国金融时报数据显示，2016年底我国银行业资产总额达到33万亿美元，从而超越欧元区晋升为全球银行业资产规模最大的国家。作为中国银行业的“改革尖兵”和富有代表性的板块，过往，全国性股份制银行“白热化”的资产规模排位赛，印证着中国银行业“规模为王”的传统发展理念。

截至2017年4月底，8家A股上市股份行（由于浙商银行为H股上市银行，且上市时间较短，故暂不在本文的分析之列）2016年年报已披露完毕。在过去的一年中，股份行排位赛再次呈现大洗牌，招商银行自2016年第二季度让出了规模第一的交椅，而兴业银行则坐稳第一，但值得关注的是，前者净利润及增速仍保持较大领先。由此带来的启示是，为更客观地反映股份行的发展实力，除了资产规模、净利润等传统指标，还应比较ROA、ROE等财务数据，对银行成长性与盈利能力等进行综合考量。

一、股份行排位赛迈入“新赛段”

2016年，国内外诸多矛盾叠加，风险隐患交汇、形势复杂严峻，同时金融行业去杠杆、金融监管升级趋势明显，在此背景下，股份行在保持稳健发展的同时，排位赛争夺

① 作者：陆岷峰、杨亮（中信银行南京分行），原文载于《中国银行业》，2017（5）。

也进入到了“新赛段”。

股份行整体业绩稳健增长。2016年，股份行在营业收入平稳增长的同时，总资产与总负债均维持着10%以上的高速扩张，并且实现了较为可观的净利润。中国银监会发布的《银行业监管统计指标月度情况表（2016）》显示，截至2016年末，中国银行业总资产与总负债分别增长至2262557亿元、2089230亿元，分别实现了15.8%、16%的同比增速。其中，股份行资产规模共计428931亿元，同比提升了17.2%，在整体银行业中占比达到19%；总负债规模共计402218亿元，同比提升了17.4%，其所占比重增至19.3%。尽管在经济下行及企业信贷需求疲软背景下，相较于过去的迅猛增长，股份行整体增速已有所放缓，但其收入结构的转型升级成效显著，非息收入占比进一步提升，收入结构持续优化改善，整体发展势头依然强劲有力。

表1　8家A股上市股份行资产规模及增速

单位：亿元，%

排名	A 股上市股份行	资产规模	变动位次	增速
1	兴业银行	60859	1↑	14.85
2	招商银行	59422	1↓	8.54
3	中信银行	59311	—	15.79
4	民生银行	58959	1↑	30.42
5	浦发银行	58572	1↓	16.12
6	光大银行	40200	—	26.91
7	平安银行	29534	—	17.80
8	华夏银行	23562	—	16.61

兴业银行坐稳规模“领头羊”之位。作为股份行排位赛的争夺焦点，资产规模过去一直是市场首要关注的指标。而在“资产荒”大环境之下，股份行整体保持资产规模高增速的同时，各家银行均在寻找适宜自身发展的资产配置模式，资产规模增速呈现差异化发展态势。如表1所示具体来看，招商银行2016年总资产规模为59422亿元，同比增长8.54%，增长率几乎减半，并自第二季度起“让出”资产规模的头名位置。与此同时，兴业银行则以60859亿元总资产领跑股份行，并且实现了14.85%的规模增速。而第3~5名的股份行规模也在稳步增长，中信银行、民生银行和浦发银行的总资产分别为59311亿元、

58959亿元和58572亿元，较2015年末增速分别达15.79%、30.42%和16.12%。此外，股份行中体量相对较小的第二梯队显示出了更强的增长动力，如光大银行、平安银行和华夏银行三家的资产增速分别达到26.91%、17.80%和16.61%，如表1所示。

招商银行净利润仍居“一哥”。2016年股份行净利润增速较上年均基本持平甚至转好，而与五家大型银行相比（中行因出售南洋商业银行的净利润多数被少数股东权益拿走，净利润呈现负增长，若剔除掉此异常值，2016年五家大型银行归母净利润同比增速为1.1%，其中工行0.4%、农行1.86%、建行1.45%、交行1.03%），股份行的净利润增速更加耀眼，8家A股上市股份行平均增速接近4.36%，其中，招商银行凭借623.8亿元的净利润总额，继续大幅领先其他股份行，7.52%的净利润增速也相当出色（除兴业银行外，其余基本在5%以下），展现出“小”资产实现“大”利润的新发展逻辑，“轻型银行”战略转型成效显著。兴业银行2016年也实现了7.26%的较快增长。中信银行净利润增速虽仅为1.14%，但若按其拨备前利润1068.96亿元算，同比增速为12.49%，如图1所示。

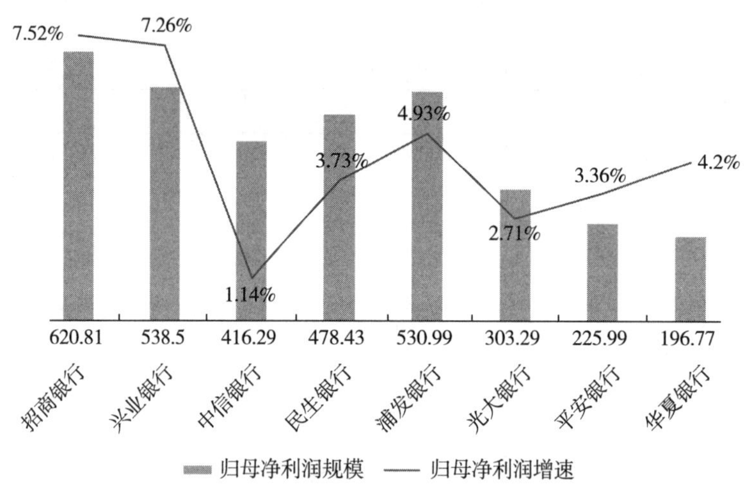

图1　8 家A 股上市股份行2016 年净利润规模及增速

光大银行逆转成为不良率最低股份行。截至2016年第四季度末，银行业金融机构不良贷款率为1.91%，较上年末下降0.02%，为22个季度以来首次出现回落，资产质量稳中趋好。2016年，股份行在保持业绩稳步发展，风险总体可控的同时，各家不良状况却呈现差异化变动：光大银行通过引导信贷资源投向国家战略工程、城镇化建设等领域，收缩对产能过剩行业的授信敞口，实现了不良贷款状况的稳中转好，凭借1.60%的不良率成为上市股份行中最低。而浦发银行、招商银行均发生小幅增长，分别达到1.89%、1.87%，不良贷款总额也达到了521.78亿元、611.21亿元。由图2可见，股份行整体不良贷款状况未现显著改善，甚至部分银行出现上升，从而对资产质量造成了较大压力。因此，股份行在竞相发展过程中亟须强化风险管控，并关注跨市场的风险传染、操作风险以及市场风险对银行造成的新挑战。

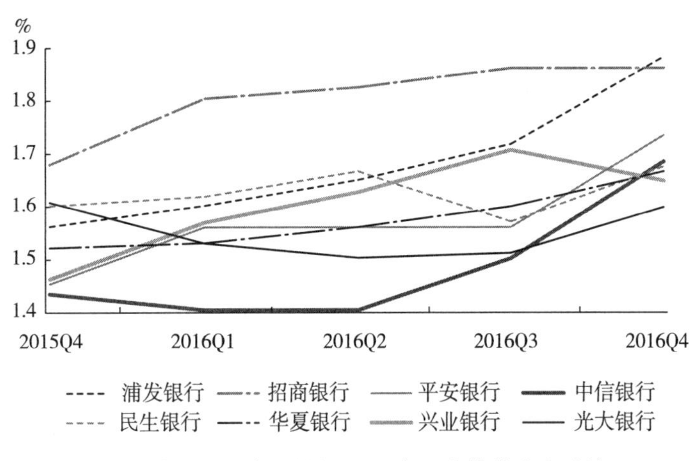

图2　8 家A 股上市股份行2016 年不良贷款率变动情况

二、股份行发展逻辑的转变与重构

股份行排位赛出现的新局面，主要是受到宏观经济下滑、经济结构调整、利率市场化改革叠加利率下行等诸多影响，但也折射出银行长期战略规划的转型、自我定位的重新审视，进而反映了股份行发展逻辑的转变与重构。

经济新常态下选择“蛰伏前行”。伴随着国内经济增速的降档以及经济结构的全面调整，“新常态”下的商业银行经营环境发生了深刻的变化，这给股份行更好地服务实体经济带来机遇的同时，也对其经营管理提出了一连串严酷挑战。其一，经济“L”形走势下信贷需求缩减。2016年，国内生产总值共计74.4万亿元，增速进一步降至6.7%，并且2017年GDP增长预期目标降为6.5%左右，受到经济大环境“资产荒”影响，国内贷款需求继续减少，进而导致股份行的利润增长呈现放缓趋势；其二，中国金融去杠杆已成长期任务。近年来中国融资杠杆攀升，信用风险持续积累，资产泡沫问题突出。以房地产市场为例，我国居民的购房杠杆率从2005年的17%猛增到2015年的39.9%，2016年第二季度更是高达42%。银行业本质为赚取息差，在息差有限下选择扩张资产与负债端规模，进而形成金融杠杆。因此金融去杠杆背景下，银行业规模扩张放缓成为大趋势，股份行同样如此。鉴于此，中信银行、招商银行正积极掌控投资资产增速、推进同业资产收缩，但信贷业务仍维系着其稳健增长，贷款和垫款总额分别增长了17.81%、15.49%，从而使其盈利能力未受过大影响。

“规模为王”向“轻资产化”升级。尽管当前股份行规模仍在扩张，但过去30%以上的利润增速已难以为继，并且规模和利润正向关系的逻辑已发生改变。当前，股份行外部扩张的空间逐步萎缩，无法再继续依靠单纯的扩张规模、增设网点来获取盈利，今后发展需依赖内源式增长，精细化的管理、营销、产品及服务才是新常态下银行业的转型方向。未来银行盈利能力的比较，不应过度聚焦于资产规模、净利润的增速，还应同时考量ROA、ROE等盈利指标。作为股份行第一梯队，中信银行、招商银行及兴业银行等均已不再简单追求规模扩张，愈发关注发展质效，主动加快向“轻资本、高效率”的目标转型，三者2016年ROE分别为17.28%、16.27%和12.58%，均维持在较高的盈利水平。

差异化突围中“扬长补短”。从股份行第一梯队的竞争来看，规模排名前5位的银行均各展所长、补其所短，在巩固扩大自身优势领域的同时，对存在盈利空间的业务板块也正着力开拓。例如，在成本持续走低的背景下，中信银行对公存款余额及增量依旧保持股份行第一，且机构存款规模维持在万亿元左右，投行并购融资新增总额超过900亿元，较2015年增长近6.2倍。兴业银行持续推进投资型银行与交易型银行，其非金融企业债务融资工具承销总额为4078.9亿元，蝉联股份行榜首，交易银行客户共计81185户，较2015年末提升了16.69%。浦发银行公司业务继续引领股份行，银团贷款余额、基金托管规模、养老金产品托管规模均位列行业前列，并且业务结构优化成效显著，非息收入在营业收入中所占比重较2015年末增加9.87个百分点至32.76%，其中手续费及佣金净收入的占比达到25.31%。总体而言，当前，银行业净利息收入持续下降，且资产质量压力尚未改善，促非息业务提升成为盈利增长的关键引擎，股份行差异化转型路径也日趋明朗。

MPA体系下业务结构的“二次升级”。在MPA考核体系下，2016年股份行投资类资产增长脚步加速放缓，以非标投资为主的应收款项类投资收缩，债券投资也转为交易与配置均衡型策略，逐步推动理财业务回归资产管理本质。以民生银行为例，2016年近半资产新增量来源于资产管理计划：其全年新增资产13751.89亿元，而应收款项类科目占到50.7%。事实上，受MPA考核影响，应收款项类增速于第二季度便出现明显降速。招商银行自2016年初逐季缩减应收款项类投资配置，科目余额较上年末减少27.28%，降至5207.39亿元。而中信银行也在两个季度内将该科目收缩逾2100亿元，从而将其投资类资产增速降至10%以下。华夏银行则重点拓展中间业务盈利空间，推动信用卡、金融市场、资产托管以及资产管理等业务发展，2016年中间业务收入共计162.81亿元，较上年增加了19.39%。综合来看，在MPA考核约束下，银行自主定价能力与风控水平均能得以提升，进一步约束了非理性定价，有利于培育良好的市场竞争环境。

零售板块业务成为“新赛场”。面对互联网金融的冲击，股份行将重心转向零售板块，纷纷提出“大零售”战略格局，这不仅表明银行从产品导向过渡到客户导向发展阶段，更反映出银行正基于当前资源进行全面整合，对业务规划实施梳理与重构，从而打造面向个人客户的一站式、综合化服务。2016年年报显示，零售业务利润对股份行业绩贡献大幅提升，其中个人房贷、信用卡业务、消费金融等业务成为关键着力点。从增长率角度看，2016年股份行的信用卡业务成绩突出，其中中信银行信用卡贷款透支余额增速位列榜首，透支余额达到2373.1亿元，实现35.36%的同比增速，紧跟着是招商银行与平安银行，分别为30.65%、22.57%。此外，招商银行继续推动零售银行发展，在营改增与利率重定价双重背景下，在维持较好息差的同时，实现净手续费共608.7亿元，较上年提升14.8%，助力其营收业绩的持续增长。

竞相寻找下个“新风口”。面对复杂多变的国内经济环境，股份行正通过创新与智慧，竞相寻找金融行业下个“新风口”，积极探索创新金融业务。其一，中信银行牵头12家股份行于2016年7月联合成立了“商业银行网络金融联盟”，布局互联网金融，将为客户带来更加安全的账户保障和更多创新的金融服务。其中，中信银行在互联网支付结算方面实现迅猛发展，实现交易笔数11.57亿笔、交易规模10755.79亿元，分别较上年提升了328.62%、105.23%，并开创性地和百度共同成立“百信银行”；其二，目前资产证券化试点已扩容至招商银行、兴业银行、浦发银行、民生银行等多家股份行，各家正积极探索该业务，以盘活银行资产流动性，降低银行不良资产处置成本，并应对MPA

考核下资产负债表扩张脚步的被动降速。其中，民生银行2016年信贷资产证券化共发行213.51亿元，位居股份行首位；招商银行也借此合计处置不良资产资本金规模59.15亿元，发行证券面值近18亿元。此外，股份行还在投贷联动、债转股、绿色金融债等领域持续发力，积极推动与创新金融业态的融合发展，主动服务于新兴产业、区域所产生的投融资需求。

三、股份行突围赛的“破茧”之路

在新的发展逻辑之下，股份行应从规模扩张向提质增效转变，加快探索战略转型和模式创新；应当取消规模指标的同业对标，摒弃“你争我赶”的速度情结；审慎稳妥探索综合化业务，更加关注自身主业。总之，股份行在未来的竞相发展中，亟须探索契合自身的“破茧”之路：

基于“特色化品牌”引领转型。在明确长期发展定位的基础上，重点关注其人才、优势领域，并思考自身资源禀赋与市场的匹配方式，以创新提升金融服务水平，在产品、服务、客户以及品牌等维度上实现差异化的二次转型。

利用金融科技推进创新升级。金融科技将在客户、产品与服务、渠道这三个维度中创造更多的机遇，当前大数据已经被广泛应用于精准营销、风险预警等方面，未来人工智能、机器人流程自动化和区块链还将对金融业产生更加深远的影响。因此，掌握科学技术、落实相应的配套技能，有利于金融机构在长期竞争中脱颖而出，加快实现对传统服务模式的突破升级。

把握MPA监管下盈利与合规的平衡。2017年净利差或将进一步收窄，上市银行急需寻找新的利润增长点。而在央行提出宏观审慎评估体系的背景下，对于资本充足率、同业业务等考核日益趋严，股份行应及时调整经营策略，将风险管理置于首位，寻求在MPA体系下盈利与监管的平衡点。

加速提升“集团军”协同作战力。股份行应逐步完善综合化经营平台，围绕集团整体发展战略，构建全牌照综合经营体系。通过促进多元化平台与银行板块的深入联动，进一步提升集团业务联动与协同发展能力，从而增强集团内部的优势互补，由上而下、自易至难地推进集团资源的整合共享。

2016年A股上市城市商业银行资产配置变动浅析①

2016年，城市商业银行传统信贷资产占比有所下降，投资类资产大幅扩张，但粗放式发展的问题依然存在。与此同时我们也注意到，上市城市商业银行总体ROA跌破1%大关，其盈利能力进一步下滑。如何提质增效、优化资产配置，仍将是城市商业银行今后一段时期需要持续关注的焦点。

2016年，我国银行业整体表现平稳，但不同类型的商业银行净利润增速差异较大。五大商业银行中，中国农业银行净利润增速最高，但也仅为1.86%，中国银行甚至出现负增长。与此形成鲜明对比的是，我国城市商业银行充分发挥“船小好调头”的优势，积极优化资产配置，拓宽利润空间，继续保持较高盈利水平。2016年报显示，我国7家A股上市城商行净利润逆势上涨，其中，宁波银行和南京银行净利润增速接近20%，北京银行净利润增速最低，但也达到5.72%。

当前，调整优化资产结构，成为商业银行提升盈利水平的必然选择。分析A股上市城商行的资产结构变动，能较好地了解我国城商行的转型经营动向。

一、资产结构调整优化是“内外交困”背景下城市商业银行的必然选择

2016年，城市商业银行净利润增速虽然依旧保持高位，但与前几年相比，增速明显放缓。从外部经济环境来看，2016年，我国经济增长继续承压，企业经营状况不容乐观，企业信用风险依然高企，商业银行“惜贷”现象明显，传统信贷业务增长乏力；从

① 作者：陆岷峰、张欢（供职于南京银行南京分行），原文载于《中国银行业》，2017（6）。

内部竞争态势来看，作为区域性银行，城市商业银行既要面临同业的竞争，又要面临以互联网金融为代表的“新金融”竞争，城市商业银行传统信贷业务竞争优势逐渐弱化。“内外交困”背景下，2016年，城市商业银行主动调整资产配置策略，具体来看，主要有以下几方面：

传统信贷类业务占比持续走低。与大型银行相比，城市商业银行优质的信贷资源较为稀缺，在信贷业务竞争中劣势地位明显；利率市场化使得贷款利差逐渐收窄，信贷业务盈利能力逐渐下降；此外，2016年，7家A股上市城市商业银行不良开始企稳，但依旧未见明显下降趋势。综上考虑，2016年，降低信贷类资产占比成为城市商业银行主动的战略选择。除北京银行外，其余6家城市商业银行发放贷款占总资产比重同比均有所下降，贵阳银行下降高达7个百分点，如图1所示。

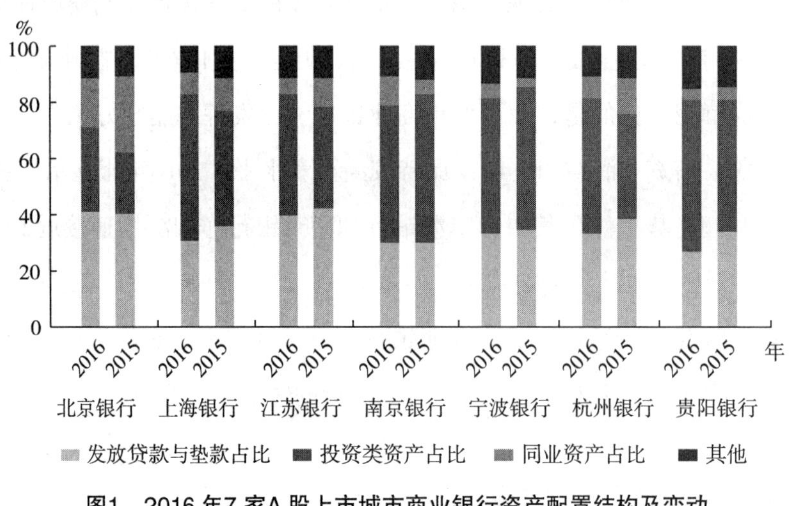

图1　2016 年7 家A 股上市城市商业银行资产配置结构及变动

同业业务占比下降趋势明显。2016年初，票据案件频发，宏观审慎评估考核体系（MPA）将同业资产纳入审慎监管指标，监管力度持续加强，作为城市商业银行重要资产配置组成部分的同业业务趋向集中化、规范化和标准化。由图1可见，2016年，除南京银行和宁波银行同业资产占比有所提升外，其余5家城市商业银行同业资产占比均呈下降趋势，其中，北京银行同业资产占比下降接近10个百分点。

投资类业务占比迅速提升。传统信贷业务增长乏力催生了资金类业务的繁荣，2016年，城市商业银行投资类资产呈井喷发展态势。除南京银行和宁波银行资金类业务占比较2015年小幅下降外，其余5家城市商业银行资金类业务占比均有所提升，其中上海银行和杭州银行资金类业务占比提升10个百分点以上。

投资类业务成为城市商业银行调整资产结构、提升盈利能力的突破口。如图2所示，除南京银行和宁波银行外，其余5家城市商业银行投资类资产增速远大于总资产增速，北京银行投资类资产增速高于总资产增速40多个百分点。其中，债券投资类业务井喷发展，上海银行债券投资类资产增速高达134.25%。

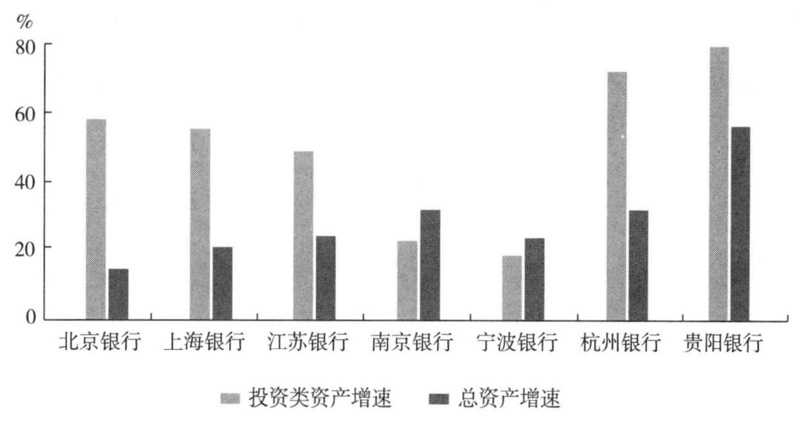

图2　2016 年A 股上市城市商业银行投资类资产及总资产增速对比

二、资产结构调整难止盈利能力下滑之势　提质增效乃长久之计

2016年，尽管投资类资产的大幅扩张维持了城市商业银行较高的利润水平，但难掩盈利能力持续下滑的事实。从资产收益率角度看，2016年，五大商业银行中，建设银行、中国银行和工商银行ROA均超过1%，而A股城市商业银行中除贵阳银行外，其余6家ROA均跌破1%。回顾过去几年，城市商业银行不断攀高的不良贷款对利润产生侵蚀效应，导致ROA较低，但2016年以来，城市商业银行不良贷款开始企稳，拨备压力较小，不良贷款对利润的侵蚀效应也较小，故城市商业银行2016年的利润水平反映了真实情况。

城市商业银行应收账款类投资和债券类投资的高速增长值得警惕。2016年以来，在“降杠杆”监管基调及MPA考核影响下，全国性股份制商业银行反应迅速，已开始逐渐收缩以非标资产为代表的应收款项类投资业务，债券投资则转向交易与配置均衡型策略，而与此形成鲜明对比的是，城市商业银行应收账款类投资和债券类投资依然保持高速增长。可以预见，在行业监管趋严背景下，2017年，城市商业银行将会不可避免地收缩以非标资产为代表的表外业务和表内非贷款业务，投资类资产增速将会逐渐回落。

与资金类业务相比，传统信贷业务对盈利能力的提升作用不容忽视。城市商业银行以往依靠资产快速扩张的粗放型发展模式已难以为继，但分析2016年7家上市城市商业银行年报可知，传统贷款业务的收益率均高于资金类业务，说明传统信贷业务对盈利能力的提升作用高于资金类业务。传统信贷业务虽然受众多指标监管限制，但收益率较高，而资金类业务虽占城市商业银行2016年资产配置的“半壁江山”，但对盈利能力的提升作用有限。展望2017年，城市商业银行应进一步优化信贷资产和投资类资产配置，在保持一定利润水平的前提下进一步提升盈利能力。

A股上市银行成本收入比变化原因、国际比较与反思[①]

对于商业银行来讲，成本收入比是用于衡量银行单位营业收入所对应的成本，也是评价上市银行成本控制和经营效率的重要指标。2006年，我国将成本收入比列入《商业银行风险监管核心指标（试行）》的核心指标，用以加强对商业银行风险的识别、评价和预警。本文通过对我国和美国资产规模最大的10家上市银行的成本收入比进行比较分析，试图找出中美上市银行成本收入差异较大的原因，并针对性提出加强成本收入管理的三个建议。

2017年上半年，A股10家上市银行[②]平均成本收入比为24.86%，低于同期我国商业银行成本收入比平均水平（27.6%），较2016年末减少3.22%，但较2016年6月末增加1.46%。

2016年末，A股10家上市银行平均成本收入比达28.08%，较上年同比上升2.25个百分点，改变了自2012年以来连续四年成本收入比逐年下降的趋势（见表1）。

表1　2012年至2017年上半年A股10家上市银行成本收入比

单位：%

银行	2017-06	2016-12	2016-06	2015-12	2014-12	2013-12	2012-12
工商银行	21.01	25.91	21.51	25.49	26.75	28.03	28.56
建设银行	22.30	27.49	22.28	26.98	28.85	29.65	29.57
农业银行	28.31	34.59	30.03	33.28	34.56	36.30	36.76
中国银行	25.39	28.08	24.25	28.30	28.57	30.61	31.81

① 作者：杨芮。

② A股10家上市银行是指按照A股上市银行2017年上半年年报披露的资产规模排名前十的银行。依次为：工商银行、建设银行、农业银行、中国银行、交通银行、兴业银行、招商银行、中信银行、民生银行和浦发银行。

续表

银行	2017-06	2016-12	2016-06	2015-12	2014-12	2013-12	2012-12
交通银行	26.96	31.60	25.43	30.36	30.29	29.35	29.71
兴业银行	24.21	23.39	18.82	21.59	23.78	26.71	26.73
招商银行	25.96	28.01	23.44	27.67	30.54	34.36	35.98
中信银行	26.50	27.56	24.88	27.85	30.32	31.41	31.51
民生银行	24.90	30.98	23.03	31.22	33.27	32.75	34.01
浦发银行	23.08	23.16	20.36	21.86	23.12	25.83	28.71
十家平均	24.86	28.08	23.40	27.46	29.01	30.50	31.34

数据来源：Wind资讯，各家上市银行年报、半年报。

一、成本收入比变化原因

广义上讲，成本收入比率是营业费用与营业收入的比值，即成本收入比率=营业费用/营业收入×100%，我国现行人民银行对成本收入比计算口径为：成本收入比=（业务管理费+其他营业支出）/（利息净收入+手续费净收入+其他业务收入+投资收益）×100%，在A股上市银行年报披露中，成本收入比的统计口径为：成本收入比=业务及管理费/营业收入。因此从统计口径上看，影响A股上市银行成本收入比的因素大体上受制于业务及管理费和营业收入两大因素。

从营业收入上看，2017年上半年，A股10家上市银行营业收入总计1.7万亿元，同比下降1.5个百分点，2016年末，A股10家上市银行营业收入共计3.3万亿元，同比下降0.3个百分点。营业收入同比下降是2017年上半年A股10家上市银行成本收入比同比上升的因素之一；同理，营业收入增速明显放缓是2016年末A股10家上市银行成本收入比转降为升的主要原因。相反，2012年末至2015年末四年期间，A股10家上市银行营业收入平均增速均保持在8%以上，较快增长的营业收入为该时期银行成本收入比的降低提供了基础。

从业务及管理费上看，2017年上半年，A股10家上市银行业务及管理费总计4142.9亿元，同比增长2.1%。业务及管理费同比增速回升是2017年上半年成本收入比同比上升的另外一个重要因素。2012年至2015年期间，尽管业务及管理费逐年增长，但增速不断下降，10家A股上市银行业务及管理费同比增速从2013年末的9.5%下降至2015年末的2.7%，对成本收入比产生的压力较小。业务管理费主要包括职工费用（含工资及奖金、职工福利等）、折旧、资产摊销、业务费用等，其中职工费用占比最高。2012年以来，A股10家上市银行职工费用总额占业务及管理费总额比重均达55%以上。2017年上半年，A股10家上市银行职工费用总额占业务及管理费总额比重为60.3%，较2016年末增加4.5%。

成本收入比是一个比值的概念，该比值的高低同时受制于会计期内营业收入和业务及管理费的情况。以2016年末为例，A股10家上市银行业务及管理费同比增速下降至0.7%，但由于营业收入该会计年度呈现了一定幅度减少，营业收入同比增速为-0.3%。因此，成本收入比并未延续此前四年来的成本收入比逐年下降态势。

二、成本收入比的国际比较

（一）营业支出推高美股上市银行成本收入比

若不考虑利息支出、手续费及佣金支出、计提贷款损失准备等费用，美股上市银行成本收入比，即营业支出[①]与营业收入之比（营业支出/营业收入×100%）远高于A股上市银行成本收入比。2017年上半年，美股10家上市银行[②]成本收入比平均为63.2%，较2016年上半年下降2.3个百分点，是同期A股10家上市银行成本收入比的2.5倍。2012至2016年，美股10家上市银行平均成本收入比均是同期A股10家上市银行成本收入比的两倍有余（见表2）。

① 营业支出包括银行日常经营活动产生的除利息支出、手续费及佣金支出、计提贷款损失准备之外的销售、行政及一般费用、其他营业费用等费用合计。

② 美股 10 家上市银行是指按照美股上市银行 2017 年上半年年报披露的资产规模排名前 10 的银行，其中三菱日联金融集团由于 2017 年半年报尚未披露，该行以 2016 年末总资产为计。依次为摩根大通、汇丰控股、三菱日联金融集团、美国银行、富国银行、桑坦德银行、道明银行、加拿大皇家银行、西太平洋银行、美国合众银行。

表2　2012年至2017年上半年美股10家上市银行成本收入比

单位：%

银行名称	2017.6	2016.12	2016.6	2015.12	2014.12	2013.12	2012.12
摩根大通	62.0	61.8	61.9	65.8	67.3	73.1	69.1
汇丰控股	64.2	80.4	65.5	71.9	73.0	65.9	81.0
三菱日联金融集团	—	92.3	—	67.3	53.1	64.5	61.0
美国银行	65.7	68.6	74.6	72.3	92.9	83.9	98.6
富国银行	64.4	62.6	62.0	61.4	60.9	61.1	65.1
桑坦德银行	93.5	86.5	96.1	90.1	54.4	55.5	48.8
道明银行	54.1	74.2	54.9	75.8	54.4	50.9	56.3
加拿大皇家银行	61.8	64.2	72.1	71.1	72.1	72.6	74.6
西太平洋银行	43.1	43.9	43.5	43.7	42.9	42.6	44.0
美国合众银行	59.6	59.0	59.1	57.7	57.3	56.9	57.5
美股TOP10成本收入比平均	63.2	69.3	65.5	67.7	62.8	62.7	65.6

数据来源：Wind资讯，各家上市银行年报、半年报。

营业支出较高是推高美股上市银行成本收入比的最主要原因。美股上市银行在员工激励、技术改造、通信及设备、专业服务及外部服务等方面产生的费用远高于A股上市银行，导致美股10家上市银行营业支出高于A股10家上市银行业务及管理费。2016年末，美股10家上市银行营业支出是A股10家上市银行业务及管理费的2.6倍。

从营业收入上看，2016年末美股10家上市银行营业收入总额比A股10家上市银行营业收入总额多225.7亿元。近五年来，A股10家上市银行营业收入实现较快增长，A股与美股10家上市银行的营业收入差距不断缩小。尤其在 2014年和2015年两个年度报告期，全球经济形势下行对美股上市银行（多为跨国银行）盈利能力带来的负面影响更大，导致2014年和2015年美股10家上市银行营业收入总额分别较A股10家上市银行营业收入总额低2.1个和1.5个百分点（见图1）。

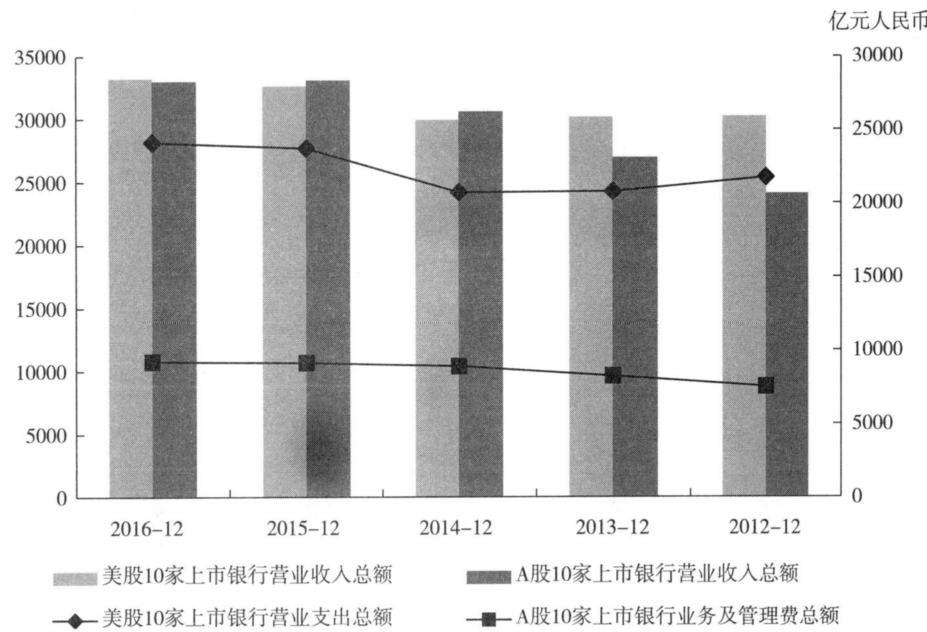

数据来源：Wind资讯，各家上市银行年报，原报告中的货币单位按报告期历史汇率统一折算为人民币。

图1　2012—2016年美股与A股10家上市银行营业收入与支出总额

（二）全面成本管理视角下A股上市银行难现优势

不同于A股上市银行年报披露的成本收入比口径，美股上市银行通常以营业总成本与营业总收入之比（营业总成本/营业总收入×100%）衡量一个会计期内银行成本与收入的关系。营业总成本包括利息支出和营业支出（含销售、行政及一般费用、其他营业费用等）。从指标的统计口径上看，美股上市银行成本收入比率中的“成本”所涵盖的范围远远大于A股上市银行成本收入比指标中业务及管理费所代表的成本部分。这在一定程度上反映出国际大中型银行对全面成本管理的重视。

若考虑利息支出等因素，A股10家上市银行营业成本与收入之比则高于美股上市银行。2016年末，A股10家上市银行营业总成本（含利息支出）与营业收入之比为117.2%，较美股10家上市银行营业总成本（含利息支出）与营业收入之比高23.4%。这主要源于A股上市银行利息支出较高，2016年末，A股10家上市银行利息支出总额同比下降9.2%，但依然是美股10家上市银行利息支出总额的2.7倍。随着利率市场化的不断推进，依靠“存贷利差”作为主要收入来源的盈利模式难以持续，付息负债成本的压力更加难以单靠生息资产的收益予以缓解（见图2）。

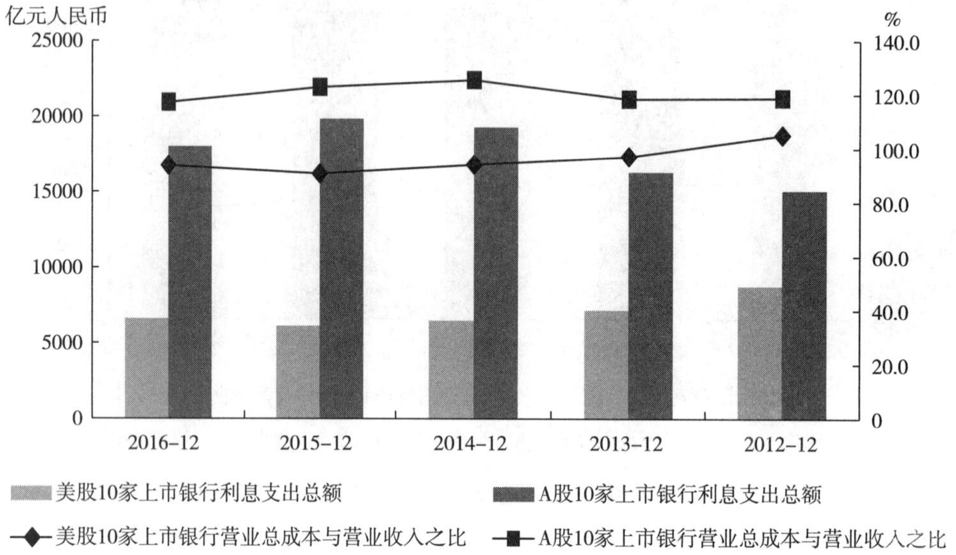

数据来源：Wind资讯，各家上市银行年报。原报告中的货币单位按报告期历史汇率统一折算为人民币。

图2　美股与A股10家上市银行营业总成本与营业收入之比与利息支出总额

三、上市银行成本收入比的反思

如何正确看待成本收入比，既采取措施有效控制经营成本，又保持对业务发展的持续投入，是中美银行业面临的共同挑战。对于我国上市银行，笔者有三个方面建议：

（一）“控成本”，建立全面成本管理体系

从成本收入比的统计口径上看，当前A股上市银行在成本管理方面更加关注营业支出中的业务管理费用。近年来，A股上市银行加强成本控制与管理，优化费用支出结构，成本收入比略有下降。例如，2016年工商银行业务及管理费、职工费用、业务费用

等较上年均下降1.5%，0.7%和3.7%。主要源于将原包含在业务费用中的税金调整至税金及附加核算，电费、印刷费、低值易耗品购置等支出减少。但事实上，商业银行的营业总成本涵盖了资金成本、运营成本、风险成本、资本成本等方面。对于不同的成本特点，银行所需采取的控制成本办法也不尽相同。例如，对于风险成本的控制，应当强化风险管理，完善风险拨备制度；降低资本成本，应当优化经济资本配置，降低资产组合风险水平，加强资本充足率管理，减少高风险业务的资本成本占用；通过建立内部资金转移定价机制，分离市场风险，控制资金成本。

（二）“调结构”，持续优化收入结构

实现成本收入比的最优水平不仅需要控制成本，还应保持收入的稳定增长。2014—2016年三年期间，A股10家上市银行营业收入增速逐步放缓。营业收入增速从2014年的13.5%，下降至2015年的8.2%；2016年末和2017年中期，A股10家上市银行营业收入同比分别下降0.3%和1.5%。A股上市银行年报披露营业收入是利息净收入、手续费及佣金净收入、其他经营净收益（包括投资净收益、汇兑净收益等）之和。其中，占比较高的利息净收入降幅较大，以及手续费及佣金净收入增速放缓，是制约2016年和2017年中期A股上市银行营业收入增长的主要原因。因此，改善业务结构、优化收入结构成为银行保持收入增长的重要途径。例如，通过发展债券承销、资产交易、金融租赁、委托贷款等非信贷业务与传统信贷业务相结合的模式；发展资产管理业务，调整营销策略，实现保险、托管等业务的收入增长，改进服务质量，重视渠道建设，增加客户数量；创新能够带来中间收入的产品，培育中间业务收入盈利增长点。

（三）“提质效”，适当投入保证银行发展

成本收入比并非越低越好。在满足我国《商业银行风险监管核心指标（试行）》要求商业银行成本收入比应低于45%的前提下，银行将投入适当的成本，用于银行科技开发、系统更迭、人才建设等方面，以提高银行经营效率。在过去，银行通常以大量铺设物理网点的方式来获取客户、推动营销；而现在，随着客户需求的改变以及移动互联网和人工智能技术的发展，银行网点需要从传统物理网点向网点智能化、轻型化、场景化转变，将银行网点的功能从“交易处理型”逐步转变为“营销服务型”。这些轻型网点

在搭建过程中所涉及的线上渠道、数字媒体、人机交互技术的建设，都需要在建设前期投入一定的费用，以实现银行用户体验的提升，银行服务效率的提高。此外，员工费用的适当投入有益于提高员工的工作积极性，促进银行效率和效益的提升。以工商银行与美国银行为例，2017年6月末，工商银行人均职工费用为10.65万元人民币，人均营业收入为78.4万元人民币；同期，美国银行人均职工费用为54.2万元人民币，该行产生的人均营业收入达139.7万元人民币，是工商银行人均营业收入的1.8倍（见图3）。重视人才队伍建设，建立有效、灵活、科学的薪酬体制用以激励员工是A股上市银行吸引人才、留住人才，提高人均创收和效率的必经之路。

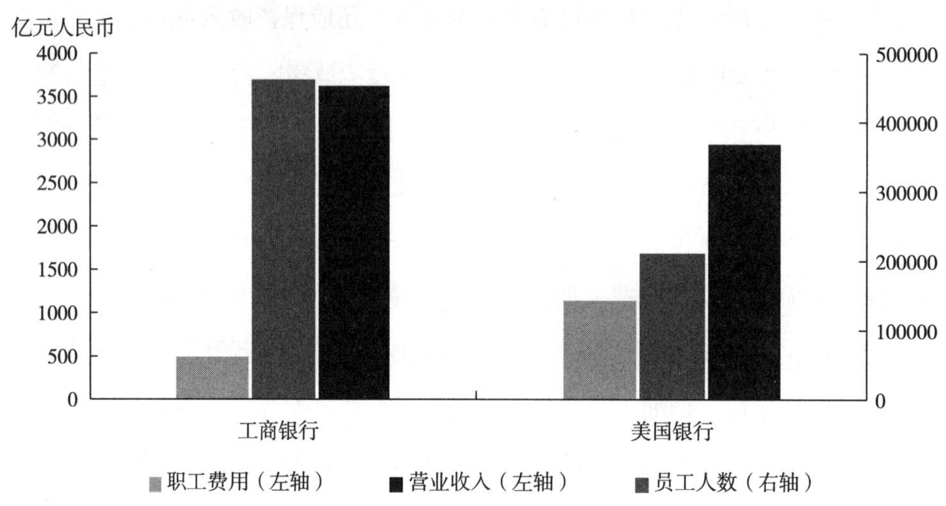

数据来源：Wind资讯，各家上市银行年报，原报告中的货币单位按报告期历史汇率统一折算为人民币。

图3　2017年6月工商银行与美国银行营业收入、职工费用与员工人数

上市银行金融科技发展的最新实践及趋势研判[①]

商业银行的对手不是哪一家金融科技公司，而是这个快速发展变化的时代。这是一场赛跑而非拳击比赛，若想在新一轮发展中继续保持在金融体系的核心地位，商业银行必须努力适应新的生存环境，打造新的核心竞争力。科技实力相对雄厚的大型银行，更要勇于引领创新潮流，为整个行业的变革作出更大的技术贡献。

当金融科技发展到目前阶段，其对资源要素的整合能力和生态体系的构建功能日益呈现出跨界化、去中介、去中心、自伺服等显著特征，对银行业的影响也正在从表层肌理渗透到深度内核。大数据、云计算、人工智能、生物识别、区块链等技术正在与金融实现更深层次的融合，颠覆性业务模式或将出现。

与此同时，科技企业发起的跨界竞争也日趋激烈，尤其是那些已经构建了较为完整金融生态圈的互联网巨头，其对于商业银行的冲击已经从单一产品功能层次，上升到了服务生态层次。处于转型攻坚期的商业银行对于金融科技的渴求前所未有的迫切，试图借助科技创新的力量，打破瓶颈，进一步提高服务效率、压缩经营成本、寻求新的发展动能、重塑核心竞争力，为未来十年的发展奠定领先优势。

一、上市银行发展金融科技的六大最新实践

商业银行在科技方面有着多年积累，过去是、现在是、未来也将是推动金融科技发展的主体力量。根据普华永道《2017年全球金融科技调查中国概要》，中国金融机构对于金融科技发展前景的信心显著高于全球平均水平。通过对上市银行年报及经营动态的

① 作者：胡婕，原文载于《中国银行业》，2017（08）。

跟踪分析，笔者发现，近年来上市银行在科技助力下，新产品、新机构、新渠道、新玩法不断涌现，整体的客户体验与服务水平不断提升。

（一）战略安排：根据自身禀赋与整体战略提出差异化目标

上市银行在发展金融科技方面，均提出了较明确的战略目标，各有侧重，各具特色。其中，有着力打造全功能金融生态平台的，如工商银行正在打造集支付、融资、金融交易、商务、信息五大功能为一体的E-ICBC；有重点突出移动、智慧特色的，如建设银行坚持"移动优先"策略，加强以手机银行为核心的智慧银行生态建设；有强调金融科技为零售银行赋能的，如招商银行提出，打造领先数字化创新银行+卓越财富管理银行，推动零售金融竞争力再上新台阶；交通银行、中信银行、光大银行等则提出要在线上再造一个崭新银行。

（二）基础设施：IT架构调整及数据库构建等为转型提供支撑

为解决IT开发应用部门间割裂、业务流程设计以自我为中心、对市场和客户需求响应不足等问题，上市银行均在积极推进IT架构重塑等基础设施建设。这不是简单的系统改造，而是上市银行针对业务模式、流程设置、组织管理的一次全面重构，使信息系统能够满足快速迭代、易扩展、抗冲击等要求。综合分析各行信息系统建设，发现如下特征：

一是IT建设不再局限于某一业务条线、某一渠道，而是从客户体验一致性的高度、以全集团的思维去设计；二是打通部门数据墙壁垒，构建企业级数据库，为大数据、云计算奠定基础；三是调整技术架构，由集中走向"分布式+集中式"融合架构，兼顾核心系统的稳定性和业务拓展对于效率、易拓展性的需求，既适用于瀑布式大规模开发，又适用于迭代式的敏捷开发。

此外，上市银行还陆续成立了大数据、生物识别、人工智能、区块链等前沿技术研究实验室，深入探索基于各种新技术的应用模式与适用场景，并与中国内地知名高校与专业机构合作，成立金融信息安全等实验室，强化新技术在信息安全等领域的运用能力研究。

（三）产品创新：支付、信用卡、网络融资是创新热点

支付：移动优先，全场景新技术增强支付战力。支付是银行受冲击最大的业务，

同时也是极为重要的基础性业务。为夺回失去的客户与市场，上市银行不断加大创新力度，陆续推出了融合NFC、二维码、人脸识别等新支付技术，打造覆盖线上线下全场景的整体支付品牌，如工银e支付、龙支付、中信e付、民生付等。此外，部分上市银行还在积极探索智能穿戴、区块链、物联网、超声波、AR/VR 等新技术支付。支付创新呈现出移动化、科技化、场景化等特征。

信用卡：闭环生态，跨界合作挖掘更多用卡场景。信用卡创新主要围绕提升线上获客、线上经营能力，增加用卡场景、提升客户活跃度等目标展开。主要举措包括：与餐饮、娱乐、超市、百货等特惠收单商户合作，共同打造闭环的消费金融生态圈；借助Apple Pay、银联云闪付（HCE）、三星Pay、华为Pay等新技术手段，提升信用卡移动支付能力；持续深入打造诸如中国银行“缤纷生活”、招商银行“掌上生活”等手机客户端，加强消费场景经营，深耕流量和粘度经营；拓展“互联网+”场景获客模式，丰富在线申请、在线审批、在线客服等功能，为客户提供便捷、安全的应用体验。此外，上市银行还通过与新金融伙伴合作，挖掘不断涌现的新用卡场景。比如中信银行围绕腾讯、百度、阿里巴巴、京东、大众点评等5大合作伙伴，打造“5+N”信用卡网络产品体系等。

网络信贷：在成本优势的基础上，不断提升客户体验。为有效拓展潜力巨大的消费金融市场及小微业务，上市银行利用大数据技术进行客户甄选与风险管控，推出一系列全流程在线、迅速放款的网络贷款产品，比如工商银行的工银e贷、建设银行的快贷、农业银行的网捷贷、中国银行的中银E贷等。与互金平台的网络信贷相比，银行网贷具有客户基础与资金成本方面的显著优势，相对劣势是场景有待进一步丰富。至于客户体验，两者之间已经几乎没有差距，均为全流程在线融资服务，比较方便快捷。

（四）风险管控：加强科技在精细风控中的应用

上市银行均在积极挖掘大数据、人工智能、区块链等技术在风险控制中的应用潜能。在最为重要的信用风险管控领域，上市银行加强风险预警模型研发，开创了利用模型进行风险早期预警的新模式。招商银行年报称，其客户预警模型可成功预警60%以上的对公逾期及不良资产，预警时间比逾期时间平均提前8个月；兴业银行的“黄金眼”系统则通过机器学习算法，对未来3个月可能降为“关注”类以下评级的企业预测准确率达到55%。

此外，大型银行还利用科技优势，尝试构建行业风险信息共享云平台，如工商银行的反欺诈系统“工银融安e信”，为金融同业、非金融企业、社会大众提供包括基础风险筛查、深度风险挖掘、专属订制服务、租赁式反欺诈在内的风险管理服务。

（五）渠道变革：线上线下日趋智能、开放、融合

物理渠道：扩张速度放缓，加快推进智能化转型。近年来，银行网点受到线上金融的猛烈冲击，部分网点已出现较为明显的客户到店率下降情况，上市银行开始控制网点扩张速度，同时推进网点智能化、轻型化建设，控制成本的同时探索无人智能、出国金融、汽车金融、贵金属、咖啡网点等差异化经营模式，促进网点智能转变，提升产能。

部分上市银行与互联网企业合作情况梳理表

建设银行	阿里巴巴、蚂蚁金服	共同推进建行信用卡线上开卡业务及线下线上渠道业务合作、电子支付业务合作、打通信用体系
工商银行	京东金融	合作集中于金融科技、零售银行、消费金融、企业信贷、校园生态、资产管理、个人联名账户等
农业银行	百度	主要围绕金融科技领域开展，包括共建金融大脑以及客户画像、精准营销、客户信用评价、风险监控、智能投顾、智能客服等的具体应用，并将围绕金融产品和渠道用户等领域展开全面合作
中国银行	腾讯	宣布成立金融科技联合实验室，重点基于云计算、大数据、区块链和人工智能等方面开展深度合作，共建普惠金融、云上金融、智能金融和科技金融
招商银行	滴滴出行	招行用户可直接在滴滴出行APP 中通过绑定信用卡、储蓄卡线上支付车费；双方将展开发行联名卡、汽车信贷、O2O客户开发等多项业务合作
中信银行	百度	合作筹建国内首家以独立法人形式开展业务的直销银行“百信银行”
民生银行	小米科技	计划在金融、电商、生态链等各个业务板块展开合作
华夏银行	腾讯	将在“公有云”平台、大数据智能精准营销、金融反欺诈实验室、人工智能客服实验室等开展合作

线上渠道：功能更为全面，平台更为开放。上市银行线上渠道的客户量、交易量快速增长，电子渠道对网点业务的替代率达到90%以上。在此基础上，上市银行普遍以手机银行作为打造金融服务平台的核心。从共性看，新版手机银行大致具备以下特征：一

是突破了“先登录、后浏览”的服务模式，将金融服务呈现给行内外客户，打造开放式平台；二是增加了电子账户开户、网络信贷、理财产品质押贷款等新功能，升级扩充了生活缴费功能，更符合客户金融需求；三是积极推进基于电子账户的各类创新。

直销银行：向独立法人化、主体多样化演变。我国直销银行出现较晚，但发展很快。据不完全统计，目前已有70多家直销银行上线运营。直销银行使商业银行有可能以互联网的方式运作，培育线上获客、产品销售、服务提供的能力。目前直销银行表现较为突出的是民生银行、江苏银行和工商银行等。截至2016年末，民生直销银行客户已达500万户，金融资产超过500亿元。

中信银行与百度筹建百信银行，成为国内首家以独立法人形式开展业务的直销银行。直销银行发展进入新阶段，呈现出独立法人化、主体多样化、移动化特色鲜明等趋势，直销银行的“创新试验田”作用也更加凸显。

（六）跨界合作：复杂竞合中实现升级进化

商业银行与金融科技公司的合作日趋紧密。金融科技公司在以技术为基础提供金融服务的同时，以各种方式向传统金融机构输出金融科技能力，而商业银行与金融科技公司合作的主观意愿也在不断增强。近一段时间，百度、阿里巴巴、腾讯、京东与四大行纷纷牵手，招商银行、民生银行、华夏银行等也陆续开展了类似的战略合作，而且，这种合作不是排他性的，可以是多对多的。截至目前，阿里巴巴已经与11家银行开展战略合作，腾讯和百度也各自和7家银行开展了战略合作。

由于传统金融机构与互联网企业在信息系统、体制机制、产品服务、文化思维等方面存在较大差异，双方从达成战略合作协议到合作事宜落地还有较长的路要走。不过竞合的金融生态正在逐步形成，部分心态开放、举措积极的商业银行将在此过程中实现升级进化。

二、上市银行发展金融科技的趋势预判

（一）金融科技监管环境将在鼓励创新与规范发展中寻求平衡

一是对于部分金融科技板块的监管更趋成熟全面，比如对于第三方支付的监管，

正在由牌照合规向着备付金、实名制、反洗钱等多个领域不断扩展；二是或将引入类似“沙盒”机制，为商业银行金融科技创新提供相应空间及制度保证；三是将更多利用科技力量实现对金融科技发展的监管，监管科技（Regtech）将占有更为重要的地位；四是将进一步加强对大型综合性互金平台的监管，防范信息垄断，保障公平竞争与金融安全。

（二）上市银行整体金融科技发展战略框架将更为清晰

上市银行对于金融科技的认识不断深化，在度过初期的战略焦虑后，整体金融科技发展战略框架将更为清晰。

发展金融科技的目标是为了在与时代的赛跑中脱颖而出。商业银行的对手不是哪一家金融科技公司，而是这个快速发展变化的时代。这是一场赛跑比赛而非拳击比赛，若想在新一轮发展中继续保持在金融体系的核心地位，商业银行必须努力适应新的生存环境，打造新的核心竞争力。科技实力相对雄厚的大型银行，更要勇于引领创新潮流，为整个行业的变革做出更大的技术贡献。

发展金融科技的原则是开放融合，构建生态，打造“天天银行”。商业银行对客户需求的探查将进一步前移，渗透至衣食住行玩学医等各个场景，在提供资金的同时，更多作为咨询提供者、接入服务者、价值聚合枢纽等多重角色，为客户提供所需服务，打造客户黏性极高的“天天银行”。

各家银行将选择适合自身特征与实力的发展模式。比如大型银行，将采用核心业务主导模式，由自身主导推动核心业务的科技变革，围绕核心业务领域构建起自己的生态圈，同时通过购买、合作、共建等多种模式，迅速获取外部技术与服务，用于提升自身能力。当然，即便是规模相当的银行，也可根据各自禀赋而选择不同的侧重点与突破点。而且，种种业务创新、业务领域的拓展、泛金融服务的涉及等，最终都要以提升银行自身的金融服务能力为根本。

（三）未来上市银行将重点发力三大方向

对于新技术的跟踪、学习、储备与应用将进一步加强。一是大数据。目前各家银行信息化之路仍在探索中，多处于信息技术升级和应用拓展阶段，银行的经营决策和战略制定仍主要依赖经验，数据仅起辅助作用。下一阶段，商业银行将进一步丰富场景，搭建金融生态，获取全方位数据，完善企业级数据库建设；提升非结构化数据的收集、储存、分析能力。在此基础上，将数据洞察结合到业务流程和客户服务中，变现商业价值，由经验决策真正转向数据决策。

二是人工智能。自招商银行2016年推出首个智能投顾服务“摩羯智投”以来，多家银行都在加紧研发，已经或者准备推出自己的智能投顾产品，打造智能化财富管理体系；同时利用人工智能革新现有客服模式，节约成本，提升效率，机器人的使用将使流程更高效、更自动、智能化。此外，商业银行对于客户的洞察将更加智能化，人工智能也将在部分风险识别领域得到更多应用。

三是区块链。商业银行将把区块链优先应用于KYC(客户识别)、反洗钱、跨境和跨币种的支付、票据、托管、小微企业信贷等业务领域。

推进体制、机制变革，释放自身潜力。上市银行将把金融科技发展与体制机制变革紧密结合起来，互相促进，在较大盈利压力下做好短期收益与长远发展之间的平衡。

一方面是在经营管理上逐步打破行政层级与地域限制，利用科技手段，推进资源在整个集团的重新配置，更多利用去中心化的经营管理方式，调动全体员工的积极性；另一方面是实现研发机制方面的突破，更多采用项目制、柔性团队等方式，使科技力量前移，由此更为有效地支持业务创新，真正做到科技引领，建立完善适应市场变化需求、适合快速迭代的研发机制。

此外，商业银行还将推进队伍、文化建设，增强发展后劲。人力资源方面，主要是加快结构调整步伐，逐步提升科技人员占比，继续培育自身科技力量，同时引入有新思维的科技人员、高端科技人才，带来创新活力；加强兼具数字技能、商业头脑、管理能力的复合型人才的培养与引进。企业文化方面，主要是培育更加开放、包容、多元的企业文化，对创新保持相对较高的容忍度，提供有利于创新的文化土壤，从而激发员工的使命感与创新激情。

转变传统狭隘的竞争观，加快生态系统搭建。商业银行将加强与金融科技生态体系中每一个主体的互动交流，以寻求合作空间，完善自己的生态系统。

一是加强内部整合，加快网点转型步伐，以创新手段推进线上线下一体化，在目前不占优势的条件下，探索低频高额等场景渗透的新途径；二是加强银行同业间在技术研发、平台搭建、生态构建等领域的合作，建立技术共享机制，探索技术输出新模式，合力完成单个机构难以完成的任务，深挖行业“护城河”，实现整个行业的集约化发展；三是在与百度、阿里巴巴、腾讯、京东等的合作过程中，逐步摸索一条优势互补的合作路径，并以孵化器、实验室等多种形式，支持特定科创企业成长，时机成熟时考虑收购适合的金融科技公司；四是充分利用上市银行国际化经营优势，在全球范围内构建一个关注新兴科技发展动态的团队，保证能够第一时间接触、了解与应用最新科技。

招商银行的“轻”与“重”①

轻型银行战略的核心是以更少的资本消耗、更集约的经营方式、更灵巧的应变能力，实现更高效的发展和更丰厚的价值回报。“轻”是表象和结果，“重”才是本质和原因，没有“重”的积累，就没有“轻”的成效。“重”在本质上是聚焦，是有所取舍，是有所为有所不为。

当前，中国银行业发展的战略环境已经发生深刻变化，原有业务发展模式面临严峻挑战，各家银行纷纷谋划战略转型，积极探索轻型化和智慧化发展之路。其中，招商银行近年表现尤为出色，其轻型银行战略已渐入佳境，多项指标在上市银行中均表现优异。

一、招商银行的五个“轻”

一是资本更“轻”。招行注重资本内生增长，大力发展轻型业务，提高资本使用效率，用较低的资本消耗换取较高的利润增长。招行在连续三年既没有进行股权融资，也没有通过发行优先股或二级资本工具补充资本的情况下，完全依靠自身的利润积累实现资本的内生增长，增强了自我造血机能，进入良性循环。2016年末，招行权重法下资本充足率和一级资本充足率分别较上年末上升0.13个和0.19个百分点，分别达到11.59%和9.63%。

二是资产更“轻”。招行通过结构调整，资产结构更趋优化，2016年末零售贷款占贷款总额比重为50.45%，“压舱石”和“稳定器”作用进一步凸显。其中，个人住房

① 作者：江荣，原文载于《中国银行业》，2017（08）。

贷款余额较上年末增加2290亿元，信用卡透支余额较上年末增加960亿元，分别占零售贷款总额的47.37%和26.89%。同时，大幅压退对公风险资产，为优质资产进入腾挪空间。2016年压退风险资产781亿元，传统的制造业、批发零售业贷款余额分别较上年末下降9.68%和8.24%，新兴的信息传输、软件和信息技术服务业贷款余额较上年末增长167.42%，文化、体育和娱乐业贷款余额较上年末增长61.88%。

三是负债更“轻”。招行大力发展支付结算、托管和交易银行业务，获取更多低成本的活期存款。2016年末，该行总存款3.8万亿元，比年初增长2304亿元，增幅为6.4%，其中新增活期存款3904亿元，定期存款减少1600亿元，如图1所示。这一增一减，使得招商银行的总存款中活期存款占比提升6.97个百分点至63%，总存款的平均成本为1.27%，远低于其他全国性股份制银行（民生银行2016年存款平均利率为1.78%，兴业银行为1.7%，中信银行为1.68%，光大银行为1.98%，平安银行为1.91%），以及部分大型商业银行（交通银行为1.86%）。据此测算，招商银行由于存款平均成本较低，比其他银行节约利息支出150亿元以上。

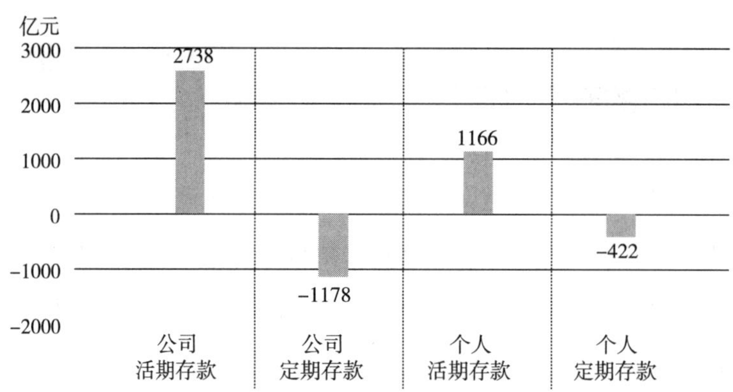

图1　2016年招商银行定活期存款变动

四是收入结构更“轻”。招行收入中非息收入增幅明显高于其营业收入增幅，非息收入占比进一步提升。2016年该行营业收入2090亿元，比上年增加75亿元，增幅为3.75%，非息收入744亿元，比上年增加97亿元，增幅为15%。非息收入占其营业收入的比重上升为35.61%。2016年股市下跌，招行代理基金业务收入比上年同期有所下降，但由于居民避险需求上升和保险业爆发式增长，招行把握住了这一市场机遇，大力发展理财业务和代理保险业务，其受托理财业务收入143亿元，比上年增长54亿元，增幅为60.81%，代理保险业务收入51亿元，增长20.97亿元，增幅为81.69%。此外，该行的票据卖断价差收入达56亿元，比上年增长22.32%。

五是运营更“轻”。招行建设数字化渠道，利用人工智能、智能设备等前沿科技，提高服务效率，追求运营精益化，杜绝人员、流程和系统浪费，降低成本收入比。该行网上企业银行客户总数较上年末增长32.75%，网上企业银行累计交易笔数和累计交易金额分别同比增长72.87%和22.39%；企业手机银行用户达29.05万户，全年通过企业手机银行完成的账务查询、支付结算等各类业务操作2469万笔。全行网点租赁面积压缩3.9万平方米，年租金节约5726万元。员工人数大幅减少，2016年末为70461人，比年初减少5731人。其成本收入比为28.01%，保持较低水平，如图2所示。

图2　2010 年以来招商银行成本收入比变动趋势

二、“轻”是表象和结果　“重”才是本质和原因

没有“重”的积累，就没有“轻”的成效。“重”在本质上是聚焦，是有所取舍，是有所为有所不为。

一是“重”资本效率，实现资本内生增长。招行通过重点发展低资本消耗业务，显著提高资本使用效率，其资本充足率不降反升的原因有两个：一是大力发展资本消耗比较少的业务。考虑到权重法下个人住房贷款的风险权重为50%、其他个人贷款的风险权重为75%，2016年招商银行4374亿元新增贷款中，新增零售贷款为3139亿元，其中72%是个人住房贷款（2290亿元）。二是利润增长对资本的自然补充。招行2016年实现净利润623.8亿元，比上年增长7.18%，利润增长导致其资本净额增长10.95%，资本净额增长速度快于资本消耗速度，依靠银行自身的净利润增长补充已经能够满足业务发展的需要，实现了资本的内生增长。

此外，招行使用高级法也有利于其提高资本使用效率。招行在权重法下风险加权资产较上年末增长8.21%，风险资产与总资产的比值为62.88%；在高级法下风险加权资产较上年末增长3.18%，风险资产与总资产的比值为54.54%，比权重法低8.34个百分点，资本节约效果明显。

二是“重”应势而变，主动调整业务结构。2016年对公贷款增长相对乏力，与此同时，内地房地产市场异常火爆催生大量个人贷款需求，招行顺应市场和客户需求，大力发展零售贷款业务，顺势完成贷款总体结构的调整，零售贷款已成为该行贷款业务的“顶梁柱”，如图3所示。在对公贷款上，招行进一步优化贷款行业结构，贷款由“重资产”行业向“轻资产”行业转移，大幅压缩传统制造业和批发零售业贷款，为优质资产进入腾挪空间，如图4所示。通过上述调整，该行在贷款结构上完成了四个转变：一是从高资本消耗向低资本消耗的转移；二是从不良率较高的行业向不良率较低的行业转移（该行零售贷款的不良率为1%，公司贷款不良率为2.92%）；三是将收益率较低的项目向收益率较高的项目进行转移，招行的公司贷款平均利率只有4.25%，零售贷款平均利率为6.06%，这样的调整显著提升了其贷款平均收益率；四是从没有竞争优势的行业退出，转向自己更理解和擅长的行业，招行对公贷款业务中一些传统行业的不良率偏高，如采矿业贷款不良率为16.5%，制造业贷款不良率为6.38%，撤出这些前景不看好或自己不擅长的行业，进入自己更加理解和擅长的信息科技业和交通运输行业（招行的股东中交通运输行业股东较多）无疑是明智之举。

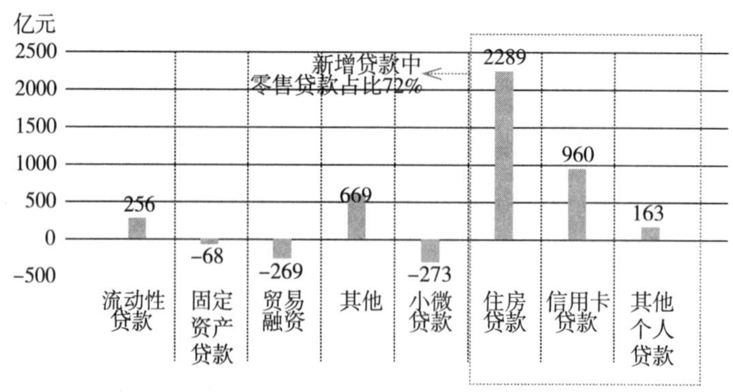

图3　2016 年招商银行新增贷款投向

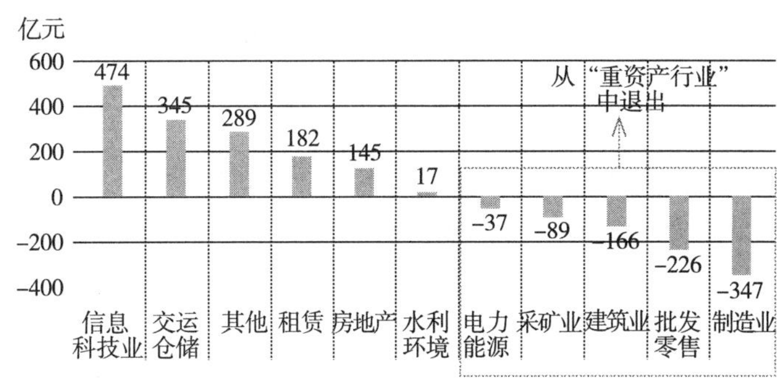

图4　2016 年招商银行对公贷款投向

三是“重”智慧营销，找准了关键点大批量获取优质客户。招行2016年末零售业务客户数9106万户，比年初增加1474万户，增幅为19.32%，零售客户的大幅增长，主要缘于该行依靠其出色的市场策略，找准了批量获客的关键点：一是通过代发工资业务批量获客。2016年招行代发工资个人客户新增920万户，其中代发有效户新增562万户，同比增长11.80%。二是通过与其他行业优秀公司联盟合作批量获取优质客户。如该行与中国联通共同组建的招联消费金融公司构建以“云平台”为基础的运营服务体系，以互联网方式开展消费金融业务，2016年末累计授信客户704万户，累计发放贷款571亿元，贷款余额182亿元，不良率只有0.82%；与滴滴出行的战略合作业务快速发展，发行联名信用卡125万张、联名借记卡130万张。

在公司业务上，招行也抓住了批量获客的关键点：一是加强核心集团客户营销，推动以海关、税务、社保、公积金等为核心的各类重点项目营销。2016年末招商银行管理集团客户达到1019户，这些集团客户带来企业数量高达3.34万家，相当于 个核心客户带来33个企业客户。二是大力发展供应链金融业务，致力于成为“核心客户的核心银行”，深度经营核心客群全交易流程，建立全面覆盖“结算+融资”的产品体系，并深化“互联网+供应链”金融在产业金融应用的场景化创新。2016年末招行供应链有效核心客户达到1249户，有效上下游客户达到12880户，较年初分别增长166%和38%，供应链融资余额969亿元，较年初增长42%。

四是“重”金融科技，服务能力和风险管理能力显著提升。移动互联网将深刻地改变人们的生活方式，金融科技将会重新定义商业银行的经营之道。招行聚焦“移动优先”策略，加快推进金融科技战略，2016年在IT研发方面投入研发费用高达43.6亿元，以自主开发为主，全年完成项目超过4000个，充分利用移动互联、云计算、大数据、人工智能、生物识别等技术提高服务能力，推动其向网络化、数据化、智能化的未来银行转变。其手机银行、网上银行、远程银行的协调发展，有效分流网点压力，显著提升用户体验，这也是其活期存款占比远高于其他银行的主要原因。此外，金融科技也为招行智慧营销作出贡献，招行整合多维度数据完善客户360度画像，搭建零售客户标签平台，开展精准营销及个性化推荐，实现数据驱动的客户经营。与此同时，在零售客户交易中引入基于设备、位置、关系、行为和偏好等大数据风险识别模型，及时预警客户异常交易行为及欺诈行为。在信用风险管理方面，加强风险预警模型研发，开创利用模型进行风险早期预警的新模式，其中客户预警模型可成功预警60%以上的对公逾期及不良资产，预警时间比逾期时间平均提前8个月。

五是"重"协同作战，形成多业务条线的营销合力。招行建设以零售金融为主体，公司业务和同业金融为支撑的"一体两翼"的业务体系，业务条线之间相互协调发展形成良性互动。一方面体现为零售业务对公司业务和同业业务的推动作用，充分利用其强大的零售渠道销售优势，促进托管、投行、资产管理等业务的发展；充分发挥零售金融品牌服务、私人银行等优势，为公司战略客户及其员工提供专属的综合性零售金融服务；深度挖掘零售客户中高净值客户如企业主、公司高管等客户背后的对公资源，2016年招行通过高净值零售客户开发的对公客户有2893个，通过住房贷款资金留存对公存款有1484亿元。另一方面表现为公司业务和同业业务对其零售业务的支持，招行通过深入开展资产管理和投行业务，增加了财富管理产品及优质基础资产的供应，2016年招行公司条线组织优质资产理财入池1.03万亿元，同比增加1991亿元，为零售业务发展提供了产品保障；通过大力发展代发工资、商务卡、养老金等业务，全力支持零售金融基础客户拓展，2016年招行代发工资1.28万亿元，同比增长23%；通过实现供应链金融与零售业务的紧密结合，大力支持零售业务新渠道建设。

三、五"重"背后的三大保障和支撑

一是"重"人才。人才是银行战略发展的基础，是银行的核心战略资源，银行的业务发展和创新、风险管理、公司治理和战略转型都离不开大量的人才投入，银行之间的竞争，本质上是人才的竞争。商业银行特别是中小银行要想“弯道超车”，首先应该在人才引进和培养上实现“弯道超车”。

二是“重”机制。商业银行要吸引人才和留住人才，需要建立良好的用人机制和激励机制，完善员工绩效考核评价体系，建立对外具有竞争力、对内具有公平性的薪酬体系。探索股权激励等长期激励措施，逐步建立起现金分配与非现金分配、即期分配与延期分配、短期分配与中长期分配方式有机结合的高效薪酬体系。

三是“重”研究。招行的“轻型银行”战略是建立在大量调查研究基础上，对宏观经济形势、监管政策、市场竞争态势和本行业务发展状况的持续深入研究，是商业银行战略发展的核心能力。商业银行如果没有强大的研究能力，不可能敏锐洞察市场竞争环境的重大变化、发现战略发展的重大机遇，也不可能制定出良好的战略，更不可能有坚定的战略执行力，这样的商业银行必然在未来市场竞争中落伍。

后记

研究上市银行我们更进一步

过去的一年，我国银行业迎来了“上市潮”。截至目前，A股和H股上市银行已达39家。随着上市银行样本数量的增加，上市银行研究也更具有普遍性和代表性。

“管中窥豹，时见一斑”，有时候，冷冰冰的年报数字也会说话：总结上市银行历史数据，可以初步找出上市银行诸多经验教训；研究上市银行发展现状，可以较好展现我国银行业全貌；分析上市银行变化情况，可以提前感知金融业发展趋势和脉络。

2016年，面对复杂的国内外经济形势，我国经济在持续筑底中企稳回升。上市银行在谋求转型发展的过程中，呈现出了诸多亮点。如规模方面，逐步摒弃“规模依赖”和“速度情结”，更加注重向“轻资产”的转变。中国银监会近期公布的监管指标显示，2017年第二季度我国银行业金融机构境内外本外币资产和负债同比增速均为11.5%，增速为近几年新低。在这里，我们看到了上市银行的先知先觉。业务结构方面，零售业务贡献度不断提升，业务战略转型初显成效。招商银行的零售战略为业内零售业务转型提供了很好的研究样本，我们也围绕招商银行零售战略先后发表过《招商银行的“轻”与“重”》《向上市银行问四个为什么》等系列文章，得到了业界的广泛关注。在这里，我们看到了上市银行的优雅蝶变。收入结构方面，逐步拓展托管、投行、资管等中间业务，收入结构不断优化，多元化经营趋势愈发明显。在存贷利差逐步收窄、直接融资比例提升等多重因素的冲击下，上市银行并没有坐以待毙，而是积极拓展各项中间业务，盈利结构不断优化。在这里，我们看到了上市银行的逆势突围。金融科技方面，日益重视科技要素的投入，智能化特征日趋凸显。对商业银行来说，金融科技将可能带来一定冲击，同时也为下一步转型提供了动力和手段。正是意识到金融科技的重要性，各家上市银行纷纷加大了科技投入和创新力度。在这里，我们看到了上市银行的深谋远虑。

在第五次全国金融工作会议上，习近平总书记强调：金融是国家重要的核心竞争力，金融安全是国家安全的重要组成部分，金融制度是经济社会发展中重要的基础性制度。总书记的论述，既是对金融工作重要性的充分肯定，更是对银行业做好下一步工作的有力鞭策。我们希望并相信，在未来的发展中上市银行主动扛起责任，切实完成好服务实体经济、防控金融风险、深化金融改革三项任务，进一步促进经济和金融的良性循环、健康发展。

回顾本次报告的撰写过程，有汗水——上市银行年报研究小组先后多次讨论、完善框架，虽不至于夜以继日，却也要利用休息时间，经常加班加点；有收获——《中国上市银行年报研究》系列书籍影响力日渐广泛，日益成为业界了解我国上市银行的重要参考和信息来源。成绩的背后离不开上市银行年报研究小组各位成员的默默付出、辛苦劳作，更离不开中国银行业协会领导和上市银行高管、业内专家的大力支持和帮助。

感谢中国银行业协会会长田国立先生亲自担任研究小组学术顾问并为本书作序；感谢中国银行业协会党委书记、专职副会长潘光伟先生再次担任学术指导委员会主任。感谢中国银行业协会秘书长黄润中先生，中国银行业协会副秘书长、《中国银行业》杂志社社长张亮女士等中银协领导，以及多家上市银行董事长、行长、董秘出任学术指导委员会委员。行业协会和银行高管鼎力支持，给了我们莫大的信心，也将进一步推动研究工作更高效、更深入地开展。

感谢上市银行年报研究小组各位成员的辛苦付出。恒丰银行杨芮、蔡浩、吴琦等承担了第一章即上市银行2016年年度主报告的撰写工作；青岛银行赵建、贵阳银行潘天仪承担了第二章即商业银行经营环境与上市银行战略动向分析的撰写工作；华夏银行杨驰、卢颖超承担了第三章即2016年大中型上市银行资产负债配置分析及趋势展望的撰写工作；中国工商银行胡婕、王雅娟和中国农业银行徐强承担了第四章即2016年大中型上市银行业务发展情况分析及趋势展望的撰写工作；中国银行张兴荣、熊启跃、中信银行谢立志和江苏银行虞鹏飞承担了第五章即上市银行信用风险分析与展望的撰写工作。《中国银行业》杂志社李琪全程参与此书编辑、出版，以及研究小组日常工作。长沙银行王礼参与了初稿的审稿工作并提出了宝贵的修改意见。

感谢江苏银行陆岷峰、江荣，上海银行张吉光，江西银行张畅，交通银行黄艳斐，南京银行张欢，中信银行杨亮，恒丰银行王丽娟、唐丽华、李蕾、周晓维，华创证券王月香，兴业证券段涛涛等诸位研究同仁，他们都积极参与本书部分内容的研究与撰写。

感谢《中国银行业》杂志社主编戴硕对研究小组的大力支持，他在本书的策划、审稿、发布等关键环节发挥了重要作用；感谢《中国银行业》杂志社主编助理王旭明和司扬、罗倩倩，他们为研究小组做了大量的幕后工作。

由于时间和能力所限，本书不足之处，敬请广大读者批评指正。

2017年8月23日

（董希淼系恒丰银行研究院执行院长、中国人民大学重阳金融研究院高级研究员、《中国银行业》上市银行年报研究小组组长）